August Strindberg

Fräulein Julie

Naturalistisches Trauerspiel

Übersetzt von Ernst Brausewetter

August Strindberg: Fräulein Julie. Naturalistisches Trauerspiel

Übersetzt von Ernst Brausewetter.

Fröken Julie. Entstanden 1888, Erstdruck 1889, Uraufführung am 14. März 1889 in Kopenhagen. Hier in der deutschen Übersetzung von Ernst Brausewetter.

Neuausgabe mit einer Biographie des Autors
Herausgegeben von Karl-Maria Guth
Berlin 2016

Umschlaggestaltung von Thomas Schultz-Overhage unter Verwendung des Bildes: William Merritt Chase, Porträt einer Dame, um 1900

Gesetzt aus der Minion Pro, 11 pt

Verlag: Henricus - Edition Deutsche Klassik GmbH
Mörchinger Str. 33, 14169 Berlin, info@henricus-verlag.de
Druck: Libri Plureos GmbH, Friedensallee 273, 22763 Hamburg

ISBN 978-3-8430-7607-4

Bibliografische Information der Deutschen Nationalbibliothek

Die Deutsche Nationalbibliothek verzeichnet diese Publikation in der Deutschen Nationalbibliografie; detaillierte bibliografische Daten sind im Internet über www.dnb.de abrufbar.

Vorwort

Das Theater ist mir schon lange, gleichwie die Kunst überhaupt, wie eine *Biblia pauperum* erschienen, eine Bibel in Bildern für diejenigen, welche nicht Gedrucktes oder Geschriebenes lesen können, und der Theaterschriftsteller wie ein Laienpriester, welcher die Gedanken der Zeit in populärer Form kolportiert, so populär, daß die Mittelklasse, welche hauptsächlich das Theater füllt, ohne viel Kopfzerbrechen fassen kann, worum es sich handelt. Das Theater ist daher immer eine Volksschule für die Jugend, die Halbgebildeten und die Frauen gewesen, welche noch das Vermögen zurückbehalten haben, sich selbst zu täuschen und sich täuschen lassen, das heißt die Illusion zu bekommen, vom Verfasser die Suggestion zu empfangen. Es ist mir daher in unserer Zeit, da das rudimentäre, unvollständige Denken, welches sich durch die Phantasie vollzieht, sich zur Reflexion, zur Untersuchung und Prüfung zu entwickeln scheint, so vorgekommen, als wenn das Theater, gleichwie die Religion, auf dem Wege wäre, sich gleich einer aussterbenden Form hinzubetten, zu deren Genuß uns die erforderlichen Voraussetzungen fehlen. Für diese Annahme spricht die durchgehende Theaterkrisis, welche jetzt in ganz Europa herrscht, und nicht zum wenigsten der Umstand, daß in den Kulturländern, welche die größten Denker der Gegenwart hervorbringen, nämlich England und Deutschland, die Dramatik tot ist, gleichwie größtenteils die andern schönen Künste.

In andern Ländern wieder hat man geglaubt sich ein neues Drama schaffen zu können, indem man die alten Formen mit dem Gehalt der neueren Zeit erfüllte; aber teils haben die neuen Gedanken noch nicht Zeit gehabt, populär zu werden, sodaß das Publikum den Verstand besäße zu erfassen, worum es sich handelt, teils haben Parteistreitigkeiten die Gemüter erregt, sodaß ein rein objektiver Genuß nicht hat eintreten können, da man sich hier in seinem Innersten widersprochen sah und dort eine applaudierende oder zischende Majorität ihren Druck so öffentlich ausübte, als es in einem Theatersaal möglich ist, teils hat man nicht die neue Form für den neuen Gehalt gefunden, sodaß der neue Wein die alten Flaschen gesprengt hat.

In dem vorliegenden Drama habe ich nicht versucht etwas *Neues* zu bringen – denn das kann man nicht – sondern nur die Form gemäß den Forderungen zu modernisieren, welche, nach meiner Meinung, die neuen Menschen unserer Zeit an diese Kunst stellen sollten. Und zu diesem Zwecke habe ich gewählt oder mich ergreifen lassen von einem Motiv, von welchem man sagen kann, es liegt außerhalb der Parteikämpfe des Tages, da ja das Problem vom socialen Steigen oder Fallen, von Höherem und Niedrigerem, Besserem oder Schlechterem, Mann oder Weib, von bleibendem Interesse ist, gewesen ist und sein wird. Als ich dieses Motiv aus dem Leben nahm, so, wie ich es vor einer Reihe von Jahren erzählen hörte, als das Ereignis einen starken Eindruck auf mich machte, fand ich, daß es sich für ein Trauerspiel eigne, denn noch macht es einen traurigen Eindruck: ein unter glücklichen Verhältnissen lebendes Individuum untergehen zu sehen, um wieviel mehr also ein Geschlecht aussterben zu sehen. Aber es wird vielleicht eine Zeit kommen, da wir uns so entwickeln, so aufgeklärt werden, daß wir gleichgültig diesem jetzt rohen, cynischen und herzlosen Schauspiel, welches das Leben darbietet, zusehen werden, da wir diese niedrigeren und unzuverlässigen Gedankenmaschinen, welche Gefühle genannt werden, abgelegt haben, weil sie überflüssig und schädlich werden, sobald unsere Urteilskraft ausgewachsen ist. Dieses, daß die Heldin Mitleid erweckt, beruht nur auf unserer Schwäche, da wir dem Gefühle der Furcht nicht widerstehen können, dasselbe Schicksal könnte auch uns treffen. Ein sehr gefühlvoller Zuschauer wird vielleicht jedoch nicht durch dieses Mitleid befriedigt sein, und der Zukunftsmensch wird vielleicht einige positive Vorschläge, dem Übel abzuhelfen, eine Art Programm mit andern Worten, fordern. Aber erstens giebt es kein absolutes Übel, denn daß ein Geschlecht untergeht, ist ja etwas Gutes für ein anderes Geschlecht, welches dadurch emporkommen kann, und der Wechsel von Steigen und Fallen bildet gerade eine der größten Annehmlichkeiten des Lebens, da das Glück nur in dem Vergleich liegt. Und den Programmenschen, welcher dem peinlichen Umstande, daß der Raubvogel die Taube frißt und die Laus wieder den Raubvogel, will ich fragen: warum soll dem abgeholfen werden? Das Leben ist nicht so mathematisch-idiotisch, daß nur die Großen die Kleinen auffressen, sondern es kommt oft vor, daß die Biene den Löwen tötet oder ihn zum wenigsten toll macht.

Daß mein Trauerspiel einen traurigen Eindruck auf viele macht, ist also der Fehler dieser. Wenn wir stark werden, wie die ersten französischen Revolutionsmänner, wird es unbedingt einen guten und frohen Eindruck machen, der Ausrottung eines Parkes von morschen, überjährigen Bäumen zuzusehen, welche anderen zu lange im Wege standen, die ebenfalls das gleiche Recht hatten, ihre Zeit zu vegetieren – einen guten Eindruck, gleich wie wenn man einen unheilbar Kranken sieht, der endlich sterben kann.

Man warf kürzlich meinem Trauerspiel »Der Vater«[1] vor, es wäre so traurig, gleich als wenn man ein lustiges Trauerspiel forderte. Man ruft anspruchsvoll nach der Lebensfreude, und die Theaterdirektoren fordern Farcen, gleich als wenn die Lebensfreude darin läge, albern zu sein und Menschen zu zeichnen, welche allesamt am Veitstanz oder Idiotismus litten. Ich finde die Lebensfreude in den starken, grausigen Kämpfen des Lebens, und es bereitet mir Genuß, etwas erfahren, etwas lernen zu können. Und darum habe ich einen ungewöhnlichen, aber lehrreichen Fall gewählt, mit einem Wort eine Ausnahme, aber eine große Ausnahme, welche die Regel bekräftigt, was sicherlich diejenigen, die das Alltägliche lieben, verletzen wird. Was ferner bei einzelnen Anstoß erregen wird, ist, daß meine Motivierung der Handlung nicht einfach ist, und es nicht nur einen Gesichtspunkt dafür giebt. Ein Ereignis im Leben – und das ist eine ziemlich neue Entdeckung – wird gewöhnlich von einer ganzen Reihe mehr oder minder tiefliegender Motive hervorgerufen, aber der Zuschauer wählt meistens dasjenige, welches seiner Urteilskraft das am leichtesten faßliche oder für seine Urteilsgabe das ehrenvollste ist. Es ist z. B. ein Selbstmord begangen worden. »Schlechte Geschäfte!« sagt der Bürger. – »Unglückliche Liebe!« sagen die Frauenzimmer. – »Krankheit!« der Kranke. – »Getäuschte Hoffnungen!« der Schiffbrüchige. Aber nun kann es vorkommen, daß das Motiv hier überall oder nirgend zu suchen war, und daß der Verstorbene das Grundmotiv dadurch verbarg, daß er ein ganz anderes vorschob, welches das vorteilhafteste Licht über sein Gedächtnis werfen könnte!

Fräulein Juliens trauriges Schicksal habe ich durch eine ganze Menge von Umständen motiviert: die Grundinstinkte der Mutter; die falsche Erziehung des Mädchens durch den Vater; das eigene Naturell und die Suggestionen des Bräutigams auf das schwache degenerierte Hirn; sodann auch momentane: die Feststimmung der Johannisnacht; die Abwesenheit des Vaters; die Beschäftigung mit dem Tiere; der aufregende Einfluß des Tanzes; die Dämmerung der Nacht; die starke, berauschende Wirkung der Blumen; und schließlich der Zufall, welcher die beiden

1   Deutsche Ausgabe von E. Brausewetter, Universal-Bibliothek Nr. 2489.

in einen geheimen Raum zusammentreibt, sowie die aufregende Zudringlichkeit des Mannes.

Ich bin also nicht einseitig physiologisch verfahren, auch nicht monoman psychologisch, ich habe die Schuld nicht nur der Vererbung von der Mutter oder ausschließlich der »Unsittlichkeit« aufgebürdet, noch bloß Moral gepredigt.

Dieser Mannigfaltigkeit der Motive will ich mich rühmen, da sie mit der Forderung der Zeit übereinstimmt! Und haben es andere schon vor mir so gemacht, so rühme ich mich mit meinen Paradoxen, wie alle Entdeckungen genannt werden, nicht allein zu stehen.

Was die Charakterzeichnung anbetrifft, so habe ich die Figuren ziemlich »charakterlos« gezeichnet und zwar aus folgenden Gründen:

Das Wort Charakter hat im Lauf der Zeiten eine mehrfache Bedeutung bekommen. Es bedeutete wohl ursprünglich den herrschenden Grundzug im Seelenkomplex und wurde mit Temperament verwechselt. Dann wurde es der Ausdruck der Mittelklasse für den Automaten; sodaß ein Individuum, welches ein für allemal bei seinem Naturell stehen geblieben ist oder sich einer gewissen Rolle im Leben angepaßt hat, welches also mit einem Wort gesagt, aufgehört hat zu wachsen, ein Charakter genannt wurde, und der in der Entwickelung Befindliche, der geschickte Schiffer auf dem Strome des Lebens, welcher nicht mit fester Schote segelt, sondern den Kahn vor dem Windstoß fallen läßt, um ihn hernach wieder aufzuluven, wurde charakterlos genannt. Im herabsetzenden Sinne natürlich, da er ja so schwer einzufangen, einzuregistrieren und zu kontrollieren war. Dieser bürgerliche Begriff von der Unveränderlichkeit der Seele wurde dann auf das Theater übertragen, wo ja das Bürgerliche immer geherrscht hat. Ein Charakter war dort ein Herr, welcher fix und fertig war, welcher unveränderlich als Betrunkener, als Spaßmacher, als Betrübter auftrat; und um zu charakterisieren bedurfte es nur, dem Körper ein Gebrechen anzudichten, einen Klumpfuß, ein hölzernes Bein, eine rote Nase, oder daß man den Betreffenden einen Ausruf gebrauchen ließ wie diesen: »das war galant«, »Barkis will gern« oder dergleichen. Bei dieser Art und Weise, die Menschen so einseitig aufzufassen, bleibt noch sogar der große Molière stehen. Harpagon ist nur geizig, obgleich Harpagon hätte geizig und zugleich ein ausgezeichneter Finanzier, ein prächtiger Vater, ein guter Bürger sein können, und was schlimmer ist, sein Gebrechen ist gerade äußerst vorteilhaft für seine Tochter und seinen Schwiegersohn, welche ihn beerben und ihn daher nicht tadeln dürfen, wenn sie auch ein wenig warten müssen, bis sie sich kriegen. Daher glaube ich nicht an einfache Theatercharaktere. Und gegen das summarische Urteil der Verfasser über die Menschen: der ist dumm, der ist brutal, der ist eifersüchtig, der ist geizig u. s. w. sollte von den Naturalisten Einspruch erhoben werden, welche wissen, wie reich der Seelenkomplex ist, und welche verstehen, daß das Laster eine Rückseite hat, welche sehr stark der Tugend ähnelt.

Als moderne Charaktere, die in einer Übergangzeit leben, welche mehr eilig hysterisch als zum mindesten die vorhergehende ist, habe ich meine Figuren schwankender, zerrissener, von Altem und Neuem zusammengesetzter geschildert, und es scheint mir nicht unwahrscheinlich, daß moderne Ideen durch die Zeitungen und Gespräche auch in die Gesellschaftsschichten hinabgedrungen sein können, in denen selbst ein Dienstbote sich bewegt.

Meine Seelen (Charaktere) sind Konglomerate von vergangenen Kulturgraden und Brocken der angehenden Zeit, welche aus Büchern und Zeitungen entlehnt wurden, Stücke von Menschen, abgerissene Fetzen von Feiertagskleidern, welche zu Lumpen geworden sind, ganz wie die Seele zusammengeflickt ist. Und ich habe außerdem ein wenig Entwicklungsgeschichte gegeben, indem ich den Schwächeren stehlen und Worte wiederholen lasse von dem Stärkeren, die Seelen »Ideen«, Suggestionen, wie es genannt wird, voneinander holen lasse.

Fräulein Julie ist ein moderner Charakter, nicht als wenn es das Halbweib, die Männerhasserin, nicht zu allen Zeiten sollte gegeben haben, sondern darum, weil es jetzt entdeckt, hervorgetreten ist und Lärm gemacht hat. Das Halbweib ist ein Typus, welcher sich hervordrängt, sich jetzt für Macht, Ansehn, Auszeichnungen und Diplome, sowie früher für Geld verkauft und die Entartung andeutet. Es ist keine gute Art, denn sie ist nicht lebensfähig, pflanzt sich aber leider mit all' ihrem Elend noch ein Glied fort, und entartete Männer scheinen unbewußt die Auswahl unter ihnen zu treffen, sodaß sie sich vermehren und Wesen unbestimmten Geschlechtes hervorbringen, welchen das Leben eine Qual ist, die aber glücklicherweise zu Grunde gehen, entweder in Disharmonie mit der Wirklichkeit oder infolge unaufhaltsamen Hervorbrechens des unterdrückten Triebes, oder der getäuschten Hoffnungen den Mann nicht erlangen zu können. Der Typus ist tragisch, da er das Schauspiel eines verzweifelten Kampfes gegen die Natur darbietet, tragisch als ein romantisches Erbe, welches nun von dem Naturalismus zerstreut wird, der nur das Glück will, und zum Glücke gehören starke und lebensfähige Arten.

Aber Fräulein Julie ist auch ein Überbleibsel des alten Kriegeradels, welcher jetzt vor dem neuen Nerven- oder Großgehirn-Adel untergeht; ein Opfer der Disharmonie, welche der Mutter »Schuld« in eine Familie hineinbringt, ein Opfer der Verirrungen der Zeit, der Umstände und ihrer eigenen schwächlichen Konstitution, was alles zusammen soviel bedeutet, als: das Schicksal früherer Zeiten oder die Weltordnung. Die Schuld hat der Naturalist mit Gott zusammen ausgestrichen, aber die Folgen der Tat, die Strafe, Haftbarkeit oder die Furcht davor, kann nicht gestrichen werden, aus dem einfachen Grunde, weil sie bestehen bleiben, ob er nun freispricht oder nicht, denn die Leute, denen Unrecht geschehen, sind nicht so wohlwollend gestimmt, wie diejenigen, denen keins widerfahren, es billig sein können. Selbst wenn der Vater aus zwingenden Gründen auf die Strafe verzichten sollte, würde die Tochter sie an sich selbst vollziehen müssen, wie sie es hier tut, infolge des angeborenen oder erworbenen Ehrgefühls, welches die höheren Klassen ererben – von wo? Von der Barbarei, von der asiatischen Urheimat, von dem Rittertum des Mittelalters? – und welches sehr schön ist, jetzt aber unvorteilhaft für das Bestehen der Art. Es ist des Edelmannes »Harakiri«, des Japanesen Gewissensgesetz, welches ihm gebietet sich den Leib aufzuschlitzen, wenn ein anderer ihn beschimpft, welches in modifizierter Form im Duell, dem Adelsprivilegium, weiterlebt. Darum bleibt der Bediente Jean am Leben, aber Fräulein Julie kann nicht leben ohne Ehre. Das ist der Vorzug des Knechtes vor dem Herrn, daß er frei ist von diesem lebensgefährlichen Vorurteil betreffs der Ehre; und in uns alten Ariern existiert etwas vom Edelmann oder Don Quijote, was bewirkt, daß wir mit dem Selbstmörder sympathisieren, welcher eine ehrlose Handlung begangen und so seine Ehre verloren hat, und wir sind genug Edelleute, um Schmerz zu empfinden, wenn wir eine gefallene Größe daliegen sehen, selbst wenn der Gefallene sich erheben könnte, und suchen es durch ehrenvolle Handlungen wiedergutzumachen. Der Diener Jean ist ein Artbilder, einer, bei welchem sich die Differenzierung bemerkbar macht. Er ist ein Kätners Sohn und hat sich nun zu einem werdenden Herrn ausgebildet. Es ist ihm leicht geworden zu lernen, da er fein entwickelte Sinne hatte (Geruch, Geschmack, Gesicht) und Schönheitssinn. Er hat sich bereits emporgeschwungen und ist stark genug, es sich nicht übel zu nehmen, aus den Diensten anderer Menschen Vorteile zu ziehen. Er ist seiner Umgebung bereits fremd, welche er als zurückgelegtes Stadium verachtet und dennoch fürchtet und flieht, da sie seine Geheimnisse kennen, seine Absichten ausspüren, voll Neid sein Steigen sehen und mit Vergnügen seinen Fall erwarten. Daher sein zweideutiger, unentschiedener Charakter, der zwischen Sympathie für das, was auf der Höhe steht, und Haß gegen diejenigen, die nun oben sind, hin- und herschwankt. Er ist, wie er selbst sagt, Aristokrat, hat die Geheimnisse der guten Gesellschaft gelernt, ist gewandt im Benehmen, aber bisweilen roh, trägt bereits mit Eleganz den Überrock, ohne jedoch eine Garantie zu bieten, daß er rein auf dem Körper ist.

Er hat Respekt vor dem Fräulein, aber Angst vor Christine, da sie seine gefährlichen Geheimnisse kennt; er ist gefühllos genug, nicht die Ereignisse der Nacht störend in seine Zukunftspläne eingreifen zu lassen. Mit der Rohheit des Knechtes und dem Mangel an Weichherzigkeit des Herrschers kann er Blut sehen, ohne zu erblassen, ein Mißgeschick auf den Rücken nehmen und es aus dem Wege schleudern; darum geht er auch unverwundet aus dem Kampfe hervor und endet wahrscheinlich als Hotelwirt, und wenn *er* nicht rumänischer Graf wird, so wird sein Sohn wahrscheinlich Student und möglicherweise Kronvogt.

Es sind übrigens recht wichtige Aufklärungen, die er über die Lebensauffassung der unteren Klassen giebt, wenn er nämlich die Wahrheit spricht, was nicht oft der Fall ist, denn er spricht mehr, was für ihn vorteilhaft, als was wahr ist. Wenn Fräulein Julie die Vermutung aufwirft, daß alle in den unteren Klassen den Druck von oben so schwer empfinden, so stimmt Jean natürlich bei, da es ja seine Absicht ist, ihre Sympathie zu gewinnen, aber er korrigiert sofort seine Äußerung, wenn er es für vorteilhafter hält, sich von der Masse zu scheiden.

Außerdem daß Jean ein Steigender ist, steht er auch darin über dem Fräulein, daß er ein Mann ist. Geschlechtlich ist er Aristokrat durch seine männliche Stärke, seine feiner entwickelten Sinne und seine Fähigkeit zur Initiative. Seine Unterlegenheit besteht zunächst in dem zufälligen socialen Milieu, in welchem er lebt, und welches er wahrscheinlich mit dem Bedientenrock ablegen kann.

Der Knechtssinn äußert sich in seiner Hochachtung für den Grafen (die Stiefeln) und seinem religiösen Aberglauben; aber er achtet den Grafen vornehmlich als den Inhaber des höheren Platzes, nach welchem er strebt; und diese Achtung bleibt sogar noch zurück, wenn er die Tochter des Hauses erobert hat und gesehen, wie leer die schöne Schale war.

Daß ein Liebesverhältnis in »höherem« Sinne zwischen zwei Seelen von so ungleichem Gehalt entstehen könnte, glaube ich nicht, und darum lasse ich Fräulein Juliens Liebe von ihr selbst als Entschuldigung oder Verteidigung erdichten; und Jean lasse ich vermuten, daß seine Liebe noch unter andern socialen Verhältnissen würde hervorwachsen können. Ich denke, es ist mit der Liebe wohl wie mit der Hyazinthe, welche im Dunkeln Wurzel schlagen soll, bevor sie eine kräftige Blüte treiben kann. Hier schießt sie empor und setzt Blüten an, und darum erstirbt das Gewächs so schnell.

Christine endlich ist ein weiblicher Knecht, voll Unselbständigkeit und Stumpfsinn, den sie am Herdfeuer erworben, vollgepropft mit Moral und Religion als Deckmantel und Sündenbock. Sie geht zur Kirche, um leicht und schnell ihre Hausdiebstähle auf Jesus abzuwälzen und eine neue Ladung Sündenvergebung einzunehmen. Übrigens ist sie eine Nebenperson und darum absichtlich nur skizziert, wie ich es mit dem Pfarrer und Doktor im »Vater« gemacht habe, da ich sie gerade als Alltagsmenschen haben wollte, wie Landpfarrer und Provinzialärzte es meist zu sein pflegen. Und daß diese meine Nebenfiguren etwas abstrakt erscheinen, beruht darauf, daß die Alltagsmenschen in gewissem Sinne in Ausübung ihres Berufes abstrakt, das heißt unselbständig sind; sie zeigen bei der Verrichtung ihres Berufes nur eine Seite, und solange der Zuschauer nicht das Bedürfnis empfindet sie von mehreren Seiten zu sehen, ist meine abstrakte Schilderung ziemlich richtig.

Was schließlich den Dialog anbetrifft, so habe ich mit der Tradition insofern ein wenig gebrochen, als ich meine Personen nicht zu Katecheten gemacht habe, welche sitzen und dumme Fragen stellen, um eine prompte Replik hervorzurufen. Ich habe das Symmetrische, das Mathematische in dem französisch konstruierten Dialog vermieden und die Gehirne ungehindert arbeiten lassen, wie sie es in der Wirklichkeit tun, wo in einem Gespräch das Thema ja nicht völlig erschöpft wird, sondern das eine Gehirn von dem andern gleichsam aufs Geratewohl einen Radzahn empfängt, in welchen es eingreifen kann. Und darum wogt der Dialog auch hin und her, versieht sich in den ersten Scenen mit einem Material, welches später bearbeitet, wiederaufgenommen, repetiert, entwickelt und wiederaufgelegt wird, gleich dem Thema in einer musikalischen Komposition.

Die Handlung ist reich genug, und da sie eigentlich nur zwei Personen angeht, habe ich mich auf sie beschränkt, und nur eine Nebenperson eingeführt, die Köchin, und den unglücklichen Geist des Vaters über und hinter dem Ganzen schweben lassen. Dieses Letztere habe ich getan, da ich zu bemerken geglaubt habe, daß für Menschen der neueren Zeit die psychologische Entwicklung das ist, was sie am meisten interessiert, und unsere wißbegierigen Seelen sich nicht damit begnügen, etwas vor sich gehen zu sehen, ohne zu erfahren, wie es zugeht! Wir wollen gerade die Fäden, die Maschinerie sehen, die doppelbodige Schachtel untersuchen, den Zauberring in die Hand nehmen, um die Fuge zu finden, in die Karten gucken, um zu entdecken, mit was für Zeichen sie versehen sind.

Was das Technische in der Komposition anbetrifft, so habe ich die Akteinteilung gestrichen, weil ich bemerkt habe, daß unser Mangel an Fähigkeit, uns von einer Illusion beherrschen zu lassen, möglicherweise durch Zwischenakte erzeugt wird, in denen der Zuschauer Zeit bekommt zu reflektieren und sich dabei dem suggestiven Einfluß des Verfasser-Magnetiseurs zu entziehen. Mein Drama währt wahrscheinlich sechs Viertelstunden, und wenn man eine Vorlesung, eine Predigt oder eine Kongreßverhandlung ebenso lange und länger anhören kann, so habe ich mir gedacht, daß ein Theaterstück während anderthalb Stunden nicht ermüden würde.

Der Monolog ist von unsern Realisten als unwahr verbannt, aber wenn ich ihn motiviere, mache ich ihn wahrscheinlich und kann ihn also mit Vorteil verwenden. Es ist ja wahrscheinlich, daß ein Redner allein in seinem Zimmer auf- und abgeht und laut seine Rede durchgeht, wahrscheinlich, daß ein Schauspieler laut seine Rolle memoriert, daß ein Mädchen mit seiner Katze plaudert, eine Mutter mit ihrem Kinde scherzt, ein altes Fräulein mit ihrem Papagei schwatzt, ein Schlafender im Schlafe spricht. Und um einmal dem Schauspieler zu selbständiger Arbeit Gelegenheit zu geben und einen Augenblick dem Zeigefinger des Verfassers zu entschlüpfen, ist es am besten, daß die Monologe nicht ausgeführt, sondern nur angedeutet werden. Denn da es ziemlich gleichgültig ist, was im Schlafe, zum Papagei oder zur Katze gesprochen wird, da es ja keinen Einfluß auf die Handlung ausübt, so kann ein begabter Schauspieler, der mitten in der Stimmung und Situation drinnen ist, dies besser improvisieren, als der Verfasser, der nicht im voraus berechnen kann, wieviel und wie lange geschwatzt werden kann, bis das Publikum aus der Illusion erweckt wird.

Wo der Monolog unwahrscheinlich werden sollte, habe ich zur Pantomime gegriffen und hier lasse ich dem Schauspieler noch mehr Freiheit, zu dichten und selbständig Ehre zu gewinnen. Um gleichwohl das Publikum nicht zu stark auf die Probe zu stellen, habe ich die Musik, die durch den Tanz in der Johannisnacht wohl motiviert ist, ihre verführerische Macht während des stummen Spiels ausüben lassen, und bitte den Musikdirektor wohl zu beherzigen, daß er nicht fremde Stimmungen erwecken darf durch die Erinnerung an das Operetten- oder Tanzrepertoire des Tages oder durch allzu ethnographisch volks- tümliche Melodieen.

Das Ballett,[2] welches ich eingeführt habe, konnte durch keine Volksscene ersetzt werden, da Volksscenen schlecht gespielt werden, und eine Menge Spaßmacher die Gelegenheit benutzen würden, sich bemerkbar zu machen und dadurch die Illusion stören. Da das Volk seine Böswilligkeiten nicht selbst improvisiert, sondern bereits fertiges Material benutzt, das einen doppelten Sinn geben kann, habe ich das »Schmähgedicht« nicht gedichtet, sondern ein weniger bekanntes Tanzspiel benutzt, welches ich selbst in der Umgebung von Stockholm aufgezeichnet habe. Die Worte treffen ungefähr die Sache, und das ge- nügt völlig, denn die Feigheit der Menge gestattet ihr nicht direkte Angriffe.[3] Also keine ausgesprochenen Späße in einer ernsten Handlung, kein rohes Grinsen gegenüber einer Situation, die den Deckel auf den Sarg eines Geschlechtes legt.

Was die Dekorationen anbetrifft, so habe ich von der impressionisti- schen Malerei das Unsymmetrische und Abgeschnittene entlehnt und glaube dadurch die Illusion zu erhöhen; denn dadurch, daß man nicht die ganze Scene und das ganze Möblement sieht, ist es einem möglich gemacht den Raum zu ahnen: die Phantasie wird erregt und ersetzt das Fehlende. Auch habe ich es dadurch erreicht, daß ich das ermüdende

2   Der Verfasser meint hier mit Ballett natürlich einen Tanz, einen Volkstanz, und denkt nicht etwa an die berühmten kurzen Röckchen und die fleischfarbenen Tricots. Der Übers.

3   Um dieser Absicht des Dichters möglichst genau gerecht zu werden, wählte ich dafür ein älteres deutsches »Gesellschaftslied«. Der Übers.

Gehen und Kommen durch die Türen los wurde, besonders da die Theatertüren aus Leinwand sind und bei der geringsten Bewegung flattern. Ebenso habe ich mich an eine einzelne Dekoration gehalten, damit die Personen sich mit der Umgebung verschmelzen können, und um mit dem Dekorationsluxus zu brechen.

Ich habe die Hintergrundsdekoration und den Tisch *schräg* gestellt, um die Schauspieler zu veranlassen *en face* und in halbem Profil zu spielen, wenn sie am Tisch einander gegenüber sitzen.

Eine andere vielleicht nicht unnötige Verbesserung würde die Entfernung der Rampe sein. Dieses Licht von unten scheint die Aufgabe zu haben die Schauspieler im Gesichte voller erscheinen zu lassen; aber ich muß fragen: Warum sollen alle Schauspieler volle Gesichter haben? Ob das Licht von unten nicht eine Menge feiner Züge in den unteren Partieen des Gesichtes, namentlich der Kiefer, verwischt, ob es nicht die Form der Nase verändert und Schatten über die Augen wirft? Und wenn nicht, so ist doch sicher, daß es den Augen des Schauspielers unangenehm ist, sodaß das wirkungsvolle Spiel des Blicks verloren geht, denn das Licht der Rampe trifft die Netzhaut auf Stellen, die sonst geschützt sind und darum sieht man selten andere Bewegungen der Augen, als ein dummes Starren zur Seite oder hinauf zu den Logenreihen, sodaß das Weiße im Auge zu sehen ist. Möglicherweise kann man derselben Ursache das müde Blinzeln mit dem Augendeckel bei den Schauspielern und namentlich bei den Schauspielerinnen zuschreiben. Und wenn jemand auf der Bühne mit den Augen sprechen will, kann er nur geradeaus ins Publikum sehen, mit dem er (oder sie) außerhalb des Rahmens des Stückes eine direkte Korrespondenz einleitet; eine Unsitte, die mit Recht oder Unrecht »Bekannte begrüßen« genannt wird.

Sollte nicht genügend starkes Seitenlicht (mit Reflektoren oder dergleichen) dem Schauspieler dieses neue Hilfsmittel bieten können: die Mimik durch den ausdrucksvollsten Teil des Gesichtes, die Augen, zu stärken?

Die Illusion, die Schauspieler dahin zu vermögen, für und nicht mit dem Publikum zu spielen, nähre ich nicht, wenn dieses auch in hohem Grade wünschenswert wäre. Ich glaube nicht, daß ich eine ganze Scene hindurch den ganzen Rücken eines Schauspielers werde zu sehen bekommen, aber ich wünsche von ganzem Herzen, daß die Hauptscenen nicht, gleich Duetten, vorn am Souffleurkasten gespielt werden mögen, in der Absicht, Beifall zu ernten, sondern ich will sie auf einen Platz haben, der zu der Situation paßt. Also keine Revolution, sondern nur kleine Modifikationen.

Wenn ich nun beginne vom Schminken zu sprechen, so nähre ich keine Hoffnung, von den Damen gehört zu werden, die lieber hübsch, als wahr sein wollen. Aber der Schauspieler sollte doch genau überlegen, ob es für ihn vorteilhaft ist, durch das Schminken seinem Gesichte einen abstrakten Charakter zu geben, der wie eine Maske auf demselben sitzen bleibt. Denken wir uns einen Herrn, der sich mit Kohle einen scharfen, zornigen Zug zwischen den Augen anbringt, und nehmen wir an, daß dieser ständig zornig aussehende Mensch bei einer Replik lachen soll. Welch' schauderhafte Grimasse wird das nicht werden? Und wie soll eine falsche Stirn, die blank ist, wie eine Billardkugel, gerunzelt werden können, wenn der Alte zornig wird.

Mit einem modernen psychologischen Drama, wo die feinsten seelischen Empfindungen sich mehr in den Gesichtszügen als in den Bewegungen und im Geschrei widerspiegeln sollen, täte man wohl am besten, es mit starkem Seitenlicht auf einer kleinen Bühne und mit Schauspielern ohne Schminke oder zum mindesten einem Minimum davon zu versuchen.

Könnten wir das sichtbare Orchester mit seinem störenden Lampenlicht und den gegen das Publikum gewandten Gesichtern loswerden; würde das Parkett so erhöht, daß die Augen des Zuschauers höher träfen, als auf die Knie des Schauspielers; schafften wir die Prosceniumslogen ab und dazu vollständige Dunkelheit im Theater während der Vorstellung, sowie zuerst und vor allem eine *kleine* Bühne und einen *kleinen* Zuschauerraum, dann könnte vielleicht eine neue dramatische Kunst erstehen, und das Theater wieder eine Institution zur Freude der Intelligenteren werden.

Indem wir auf dieses Theater warten, müssen wir auf Lager schreiben und das Repertoire der Zukunft vorbereiten.

Ich habe einen Versuch gemacht! Ist er mißglückt, so ist noch Zeit genug, einen neuen zu machen.

Kopenhagen im Sommer 1888.

Der Verfasser.

Personen

Fräulein Julie, 25 Jahre alt.

Jean, Diener, 30 Jahre alt.

Christine, Köchin, 35 Jahre alt.

Die Handlung spielt in der Johannisnacht in einer gräflichen Küche.

Schauplatz

Eine große Küche, deren Decke und Seitenwände von den Draperien und Soffiten verdeckt werden. Die Hinterwand zieht sich von links schräg in die Scene hinein; auf der linken Seite zwei Gestelle mit Kupfer-, Messing-, Eisen- und Zinngeschirr; die Gestelle sind mit zackigem Papier garniert; etwas weiter rechts sieht man dreiviertel des großen gewölbten Ausganges mit zwei Glastüren, durch welche ein Springbrunnen mit einem Amor, blühende Fliederbüsche und einige Pappelbäume sichtbar sind. Eingänge rechts und links.

Links auf der Bühne eine Ecke eines großen Kachelherdes mit einem Teil des Rauchfanges.

Rechts das eine Ende eines Gesindeeßtisches aus weißem Fichtenholz mit einigen Stühlen; auf dem Tisch eine große japanische Kruke mit Flieder.

Der Herd ist mit Birkenzweigen ausgeputzt, der Boden mit Wachholder bestreut.

Ein Eisschrank, ein Waschtisch und ein Aufwaschtisch. Eine große, altertümliche Schlaguhr über der Türe und ein Sprachrohr auf der linken Seite derselben.

Christine steht links am Herd und bratet etwas in einer Pfanne; sie hat ein helles Kattunkleid an und eine Küchenschürze um. Jean kommt durch die Glastür hinein, in Livree; er trägt in der Hand ein paar große Reitstiefel mit Sporen, die er auf einer sichtbaren Stelle hinten auf den Boden stellt.

JEAN. Heute Abend ist das Fräulein Julie wieder verrückt, total verrückt!

CHRISTINE. So, du bist jetzt hier?

JEAN. Ich begleitete den Herrn Grafen zur Station, und als ich auf dem Rückweg an der Scheune vorüberkam, ging ich hinein, um zu tanzen. Fräulein Julie tanzte gerade mit dem Förster; als sie mich aber gewahr wurde, fährt sie gerade auf mich los und fordert mich zum Damenwalzer auf. Und seitdem hat sie in einer Weise getanzt, daß ich nie etwas derartiges gesehen habe. Sie ist einfach verrückt.

CHRISTINE. Das ist sie ja immer gewesen, aber niemals so, wie die letzten vierzehn Tage, seitdem die Verlobung aufgehoben wurde.

JEAN. Ja, was war das eigentlich für eine Geschichte. Es war doch ein feiner Kerl, wenn er auch nicht reich war. Ach ja! sie haben so viele Launen! *Er setzt sich rechts an den Tisch.* Es ist in jedem Fall sonderbar von dem Fräulein, daß sie lieber bei den Leuten zu Hause bleiben will, als ihren Vater zu ihren Verwandten begleiten? Nicht?

CHRISTINE. Ja, sie fühlt sich wohl gleichsam ein wenig geniert nach der Geschichte mit ihrem Bräutigam.

JEAN. Kann schon sein! Aber es war doch in jedem Fall ein tüchtiger Kerl. Weißt du, Christine, wie es kam? Ich sah es mit an, obgleich ich mir nichts merken lassen wollte.

CHRISTINE. Wie? Du sahst es mit an?

JEAN. Ja, das tat ich. Sie waren eines Abends unten im Stallhof, und das Fräulein »tränierte« ihn, wie sie es nannte – weißt du, was sie machte? Sie ließ ihn über die Reitpeitsche springen, wie einen Hund, den man »hop« machen lehrt. Zweimal sprang er hinüber und bekam jedesmal einen Schlag; aber das dritte Mal nahm er ihr die Reitpeitsche aus der Hand, zerbrach sie in tausend Stücke und – ging.

CHRISTINE. So kam es? Nein, was du sagst!

JEAN. Ja, so kam es! Aber kannst du mir nun nicht etwas Gutes zu essen geben, Christine?

CHRISTINE *legt aus der Pfanne auf und setzt es Jean vor.* Ach, nur ein bißchen Nieren, die ich aus dem Kalbsbraten herausgeschnitten habe!

JEAN *beriecht das Essen.* Ah! Sehr schön, das ist mein größtes Delice! *Er befühlt den Teller.* Aber du hättest den Teller wärmen können!

CHRISTINE. Du bist noch krittlicher, als selbst der Graf, wenn du erst einmal anfängst. *Sie zieht ihn liebkosend am Haar.*

JEAN *böse.* Au! Du mußt mich nicht so reißen, du weißt ja, wie empfindlich ich bin.

CHRISTINE. Na, na, es war ja nur aus Liebe.

JEAN *ißt.*

CHRISTINE *zieht eine Flasche Bier auf.*

JEAN. Bier in der Johannisnacht? Nein, danke bestens! Da habe ich selbst was Besseres. *Er öffnet die Tischschublade und nimmt eine Flasche Rotwein mit gelbem Lack heraus.* Gelber Lack, siehst du! Gieb mir nun ein Glas! Ein Fußglas, versteht sich, wenn man *reinen* Wein trinkt.

CHRISTINE *wendet sich wieder zum Herd und setzt eine kleine Kasserole auf.* Gott sei der gnädig, die dich einmal zum Mann bekommt! So ein Kräkler!

JEAN. Ach red' doch nicht! Du wärst sehr vergnügt, wenn du so'n feinen Kerl, wie mich, bekämst; und ich glaube nicht, daß du davon Schaden hast, daß man mich deinen Liebsten nennt! *Er schmeckt den Wein.* Ah! Sehr fein! Sehr fein! Nur etwas zu wenig temperiert! *Er wärmt das Glas mit der Hand.* Den haben wir in Dijon gekauft. Und er kam vier Francs der Liter ohne Glas; und dann noch der Zoll dazu! Was kochst du denn jetzt? Das stinkt ja infernalisch!

CHRISTINE. Ach, das ist so ein Teufelsdreck, den Fräulein Julie für die Diana haben will.

JEAN. Du solltest dich ein wenig zierlicher ausdrücken, Christine! Aber warum mußt du am heiligen Abend dastehen und für das Beest kochen? Ist es krank, was?

CHRISTINE. Jawohl! Sie hat sich zu dem Hofhund hinausgeschlichen – und da haben sie Unsinn gemacht – und siehst du, davon will das Fräulein nichts wissen.

JEAN. Ja, in einer Beziehung ist das Fräulein zu stolz und in anderer zu wenig stolz, ganz wie die Gräfin bei Lebzeiten. Sie fühlte sich am wohlsten in der Küche und im Stall, aber sie wollte niemals mit *einem* Pferd fahren; sie ging mit schmutzigen Manschetten, mußte aber die

Grafenkrone auf den Knöpfen haben. Das Fräulein, um nun von ihr zu reden, nimmt sich und ihre Person nicht genug in acht. Ich möchte sagen, sie ist nicht fein. Jetzt eben, als sie in der Scheune tanzte, riß sie den Förster von Annas Seite fort und forderte ihn selbst auf. Wir würden uns nicht so benehmen; aber so geht es, wenn die Herrschaften sich gemein machen, dann – werden sie gemein! Aber stattlich ist sie! Prachtvoll! O! Diese Schultern! Dieser Busen! und – etc.!

CHRISTINE. Na, dabei ist auch viel Kunst! Ich weiß, was Klara gesagt hat, die ihr beim Anziehen hilft.

JEAN. Pah, Klara! Ihr seid immer neidisch aufeinander! Ich bin mit ihr ausgewesen und habe sie reiten sehen – Und dann, wie sie tanzt!

CHRISTINE. Höre einmal, Jean! Willst du nicht mit mir tanzen, wenn ich fertig bin?

JEAN. Ja, natürlich will ich das.

CHRISTINE. Versprichst du es mir?

JEAN. Versprechen? Wenn ich sage, ich tue es, dann tue ich es auch! Indessen besten Dank für das Essen. Es war sehr gut. *Er schlägt den Pfropfen in die Flasche hinein.*

DAS FRÄULEIN *in der Glastür, spricht nach außen.* Ich bin sogleich wieder da! Geht nur solange voran!

JEAN *verbirgt die Weinflasche in der Tischschublade und steht dann ehrerbietig auf.*

FRÄULEIN JULIE *tritt ein und geht zu Christine an den Herd.* Na! Ist es fertig?

CHRISTINE *gibt ihr durch Zeichen zu verstehen, daß Jean zugegen ist.*

JEAN *galant.* Haben die Damen Geheimnisse vor?

JULIE *schlägt ihm mit dem Taschentuch ins Gesicht.* Ist Er neugierig?

JEAN. Ach, wie schön das nach Veilchen duftete!

JULIE *kokett.* Unverschämter! Versteht Er sich auch auf Parfüms? Tanzen kann Er – Nicht hersehen! Geh Er fort! *Sie tritt hinter den Tisch.*

JEAN *naseweis, aber artig.* Ist es ein Zaubertrank, was die Damen da in der Johannisnacht brauen? Etwas, um dann in den Sternen des Glückes zu lesen, sodaß man seine Zukünftige zu sehen bekommt!

JULIE *scharf.* Ja, wenn Er die zu sehen bekommt, dann muß Er gute Augen haben! *Zu Christine.* Gieße es in eine halbe Flasche hinein und korke es fest zu. Komm Er nun und tanze einen Schottisch mit mir, Jean – *Sie läßt ihr Taschentuch auf dem Tisch liegen.*

JEAN *zögernd.* Ich will gegen niemand unartig sein, aber diesen Tanz hatte ich Christinen versprochen –

JULIE. Na, sie kann ja einen andern bekommen. *Sie tritt zu Christine.* Oder wie, Christine? willst du mir den Jean nicht leihen?

CHRISTINE. Das hängt nicht von mir ab. Wenn das gnädige Fräulein so herablassend ist, so paßt es sich nicht, daß er nein sagt. Geh nur! und bedanke dich für die Ehre.

JEAN. Aufrichtig gesprochen, aber ohne Sie verletzen zu wollen, ist es klug von Ihnen, Fräulein Julie, zweimal hintereinander mit demselben Herrn zu tanzen, besonders da die Leute hier sehr geneigt sind, allerhand Schlüsse zu ziehen –

JULIE *braust auf.* Was soll das heißen? Was für Schlüsse? Was meint Er damit?

JEAN *ausweichend.* Da das Fräulein mich nicht verstehen wollen, muß ich deutlicher reden. Es sieht nicht gut aus, wenn Sie einen Ihrer Untergebenen den andern, die dieselbe ungewöhnliche Ehre erwarten, vorziehen –

JULIE. Vorziehen! Was bildet Er sich ein! Ich bin ganz erstaunt! Ich, die Herrin des Hauses, beehre den Tanz der Leute mit meiner Gegenwart, und wenn ich nun wirklich tanzen will, so will ich es mit einem, der führen kann, sodaß ich dem entgehe, ausgelacht zu werden.

JEAN. Wie das Fräulein befehlen! Ich stehe zu Diensten!

JULIE *sanft.* Sprechen Sie jetzt nicht von befehlen. Heute Abend sind wir ja als frohe Menschen auf dem Fest und legen allen Rang ab! So, geben Sie mir denn Ihren Arm! Sei ganz ruhig, Christine! Ich werde dir deinen Schatz nicht entführen!

JEAN *bietet ihr seinen Arm und führt sie durch die Glastür hinaus.*

Stumme Szene

Christine allein.[1] Schwache Violinenmusik in einiger Entfernung im Takt eines Schottisch.

Christine summt die Musik mit, räumt den Tisch ab, wo Jean gegessen hat, wäscht den Teller am Aufwaschtisch ab, trocknet ihn ab und setzt ihn in einen Schrank. Dann legt sie die Küchenschürze ab, nimmt einen kleinen Spiegel aus der Tischschublade, stellt ihn gegen die Krucke mit Flieder auf dem Tisch, zündet ein Talglicht an und macht eine Haarnadel heiß, mit der sie ihre Stirnhaare kräuselt. Darauf geht sie an die Glastüre und lauscht, kommt wieder an den Tisch zurück, findet das Taschentuch des Fräuleins, das dieselbe vergessen, nimmt es und riecht daran; dann breitet sie es in Gedanken aus, reckt es, streicht es glatt und legt es viermal zusammen.

JEAN *kommt allein durch die Glastür zurück.* Ja, sie ist verrückt. So zu tanzen! Und die Leute stehen an den Türen und grinsen über sie. Was sagst du dazu, Christine?

CHRISTINE. Ach, es ist ja jetzt ihre Zeit, und da ist sie immer so sonderbar. Aber willst du jetzt kommen und mit mir tanzen?

JEAN. Du bist doch wohl nicht böse, daß ich dir echappierte?

CHRISTINE. Nein! Nicht im geringsten, das weißt du ja; und ich kenne auch meine Stellung –

JEAN *legt die Hand um ihre Taille.* Du bist ein verständiges Mädchen, Christine, und würdest eine tüchtige Hausfrau werden –

JULIE *kommt durch die Glastüre herein; sie ist unangenehm überrascht; mit erzwungener Munterkeit.* Sie sind ja ein scharmanter Kavalier – der seiner Dame davonspringt.

JEAN. Im Gegenteil, Fräulein Julie, wie Sie sehen, habe ich mich beeilt, die Verlassene aufzusuchen!

---

1   Diese stumme Szene muß gespielt werden, als wenn die Schauspielerin wirklich allein wäre: also sie muß nach Bedürfnis dem Publikum den Rücken zuwenden und nicht in den Zuschauerraum hineinsehen; auch sich nicht übereilen, als wenn sie fürchtete, das Publikum könnte ungeduldig werden. Der Verfasser.

JULIE *in anderm Ton.* Wissen Sie, daß Sie wie kein anderer tanzen! Aber warum gehen Sie am Festabend in Livree? Legen Sie sie gleich ab!

JEAN. Dann muß ich das Fräulein bitten, sich einen Augenblick zu entfernen, denn mein schwarzer Rock hängt hier – *Er geht mit entsprechender Gebärde nach rechts.*

JULIE. Geniert Er sich vor mir! Um einen Rock zu wechseln! Geh' Er denn in sein Zimmer und komme wieder zurück! Übrigens kann Er auch hierbleiben, ich drehe mich um!

JEAN. Mit Ihrer Erlaubnis, mein Fräulein. *Er geht nach links, man sieht seinen Arm, wenn er den Rock wechselt.*

JULIE *zu Christine.* Höre, Christine; ist Jean dein Schatz, da er so vertraut mit dir ist?

CHRISTINE *nach dem Herd gehend.* Schatz? Ja, wenn man so will! Wir nennen es so.

JULIE. Nennen?

CHRISTINE. Na, das Fräulein haben ja selbst einen Schatz gehabt, und –

JULIE. Ja, wir waren richtig verlobt –

CHRISTINE. Aber es wurde ja doch nichts daraus – *Sie setzt sich und schläft nach und nach ein.*

JEAN *in schwarzem Rock und mit schwarzem Hut.*

JULIE. Très gentil, monsieur Jean! Très gentil!

JEAN. Vous voulez plaisanter, madame!

JULIE. Et vouz voulez parlez français! Wo haben Sie das gelernt?

JEAN. In der Schweiz, als ich in einem der ersten Hotels in Luzern Zimmerkellner war!

JULIE. Aber Sie sehen in dem Rock ja wie ein Gentleman aus! Charmant! *Sie setzt sich an den Tisch rechts.*

JEAN. Ach, Sie schmeicheln!

JULIE *verletzt.* Schmeicheln? Ihm?

JEAN. Meine angeborene Bescheidenheit erlaubt mir nicht zu glauben, daß Sie einem Menschen, wie mir, veritable Artigkeiten sagen, und darum erlaubte ich mir, anzunehmen, daß Sie übertrieben, oder wie man zu sagen pflegt, schmeichelten!

JULIE. Wo haben Sie es gelernt, so Ihre Worte zu setzen? Sie müssen das Theater viel besucht haben?

JEAN. Gewiß! Ich habe viele Orte besucht!

JULIE. Aber Sie sind doch hier in der Gegend geboren?

JEAN. Mein Vater war Instmann bei dem Staatsanwalt dieses Bezirks, und ich habe auch das Fräulein als Kind gesehen, obgleich das Fräulein mich nicht bemerkt haben!

JULIE. Wirklich?

JEAN. Ja, und auf einmal besinne ich mich namentlich – ja, aber davon kann ich nicht reden!

JULIE. O ja – tun Sie es doch! Wie? Mir zum Gefallen!

JEAN. Nein, ich kann jetzt wirklich nicht! Ein andermal vielleicht.

JULIE. Ein andermal ist gar keinmal. Ist es denn jetzt so gefährlich?

JEAN. Gefährlich ist es nicht, aber es ist doch am besten, es zu unterlassen! Sehen Sie nur, die da! *Er zeigt auf Christine, die auf einem Stuhl am Herde eingeschlafen ist.*

JULIE. Das wird eine muntere Frau. Vielleicht schnarcht sie auch?

JEAN. Das tut sie nicht; aber sie spricht im Schlaf.

JULIE. Woher wissen Sie, daß sie im Schlaf spricht?

JEAN. Ich habe es gehört!

Pause, in der sie einander betrachten.

JULIE. Warum setzen Sie sich nicht?

JEAN. Das darf ich mir in Ihrer Gegenwart nicht erlauben!

JULIE. Und wenn ich es befehle?

JEAN. Dann gehorche ich.

JULIE. Setzen Sie sich! – Aber warten Sie! Können Sie mir nicht etwas zu trinken geben?

JEAN. Ich weiß nicht, was sich hier im Eisschrank vorfindet. Ich glaube, es ist nur Bier.

JULIE. Das ist nicht zu verachten! und ich meinesteils habe einen so einfachen Geschmack, daß ich es dem Wein vorziehe.

JEAN *nimmt eine Bierflasche aus dem Eisschrank, welche er aufzieht; er sucht im Schrank nach einem Glas und einem Teller, auf dem er serviert.* Darf ich bitten!

JULIE. Danke! Wollen Sie nicht auch trinken?

JEAN. Ich bin gerade kein Bierfreund, aber wenn das Fräulein befehlen!

JULIE. Befehlen? Mir scheint, als höflicher Kavalier könnten Sie Ihrer Dame Gesellschaft leisten.

JEAN. Das ist sehr richtig bemerkt! *Er zieht noch eine Flasche auf und nimmt ein Glas.*

JULIE. Trinken Sie nun auf mein Wohl!

JEAN *zögert.*

JULIE. Ich glaube, der alte Kerl ist schüchtern!

JEAN *auf den Knieen scherzhaft parodierend, erhebt sein Glas.* Das Wohl meiner Herrin!

JULIE. Bravo! – Nun müssen Sie auch meinen Schuh küssen, dann ist es vollständig.

JEAN *zögert, faßt dann aber dreist ihren Fuß und küßt ihn flüchtig.*

JULIE. Ausgezeichnet! Sie hätten Schauspieler werden sollen.

JEAN *erhebt sich.* Das geht nicht so weiter, Fräulein! Es könnte jemand kommen und uns sehen.

JULIE. Was täte das?

JEAN. Die Leute würden ganz einfach darüber sprechen. Und wenn das Fräulein wüßten, wie die Mäuler schon vorhin gingen, dann –

JULIE. Was sagten sie denn? Erzählen Sie es mir! Aber setzen Sie sich!

JEAN *setzt sich.* Ich möchte Sie nicht kränken, aber sie gebrauchten Ausdrücke – die Vermutungen der Art andeuteten, daß – ja, Sie werden das ja wohl selbst verstehen! Sie sind ja kein Kind mehr, und wenn man eine Dame allein mit einem Mann zusammen trinken sieht – sei es auch nur ein Bedienter – zumal noch in der Nacht – dann –

JULIE. Was dann? Und übrigens sind wir nicht allein. Christine ist ja hier.

JEAN. Ja, sie schläft.

JULIE. Dann werde ich sie wecken. *Sie steht auf.* Christine! Schläfst du?

CHRISTINE *im Schlaf.* Bla–bla–bla–bla!

JULIE. Christine! – Die kann schlafen!

CHRISTINE *im Schlaf.* Die Stiefeln des Grafen sind geputzt – Kaffee aufsetzen – sofort, sofort, sofort. – O, o! – Puh!

JULIE *faßt sie bei der Nase.* Willst du aufwachen!

JEAN *streng.* Stören Sie einen Schlafenden nicht!

JULIE *scharf.* Wie?

JEAN. Wer den ganzen Tag am Herd gestanden hat, kann müde sein, wenn die Nacht kommt. Und den Schlaf soll man respektieren.

JULIE *in anderm Ton.* Das ist hübsch gedacht, und das ehrt Ihn –
Danke! *Sie reicht Jean die Hand.* Kommen Sie nun hinaus und
pflücken Sie mir etwas Flieder!
CHRISTINE *erwacht während des Folgenden und geht schlaftrunken
nach rechts ab, um sich zu Bett zu begeben.*
JEAN. Mit dem Fräulein?
JULIE. Mit mir!
JEAN. Das geht nicht! Absolut nicht!
JULIE. Ich verstehe nicht, was Sie meinen. Sollte es möglich sein, daß
Sie sich etwas einbilden?
JEAN. Ich nicht, aber die Leute!
JULIE. Was? Daß ich in einen Bedienten verliebt wäre?
JEAN. Ich bin kein eingebildeter Mensch, aber man hat Beispiele gese-
hen – und den Leuten ist nichts heilig.
JULIE. Er ist, glaube ich, Aristokrat!
JEAN. Ja, das bin ich.
JULIE. Und ich steige herab –
JEAN. Steigen Sie nicht herab, Fräulein, hören Sie meinen Rat! Niemand
glaubt, daß Sie gutwillig herabsteigen; die Leute werden immer sagen,
Sie sind gefallen!
JULIE. Ich habe eine bessere Meinung von den Leuten, als Sie! Kommen
Sie und versuchen Sie! – Kommen Sie! *Sie fordert ihn mit den Augen
auf.*
JEAN. Wissen Sie, Sie sind sonderbar!
JULIE. Vielleicht! Aber das sind Sie auch! Alles ist übrigens sonderbar!
Das Leben, die Menschen, alles ist eine Eisscholle, die auf dem
Wasser dahingetrieben wird, bis sie sinkt, sinkt. Ich habe einen
Traum, der hie und da wiederkommt und an den ich jetzt denken
muß. Ich sitze auf einer hohen Säule und sehe keine Möglichkeit
herunterzukommen; mir schwindelt, wenn ich hinuntersehe, und
doch muß ich hinunter, aber ich habe nicht den Mut mich hinabzu-
stürzen; ich kann mich nicht festhalten und ich sehne mich darnach
zu fallen; aber ich falle nicht. Und doch habe ich keine Ruhe, bevor
ich unten bin, keinen Frieden, bevor ich auf der Erde angelangt bin.
Und komme ich auf die Erde hinunter, so will ich hinunter *in* die
Erde. Haben Sie jemals so etwas empfunden.
JEAN. Nein! Ich pflege zu träumen, ich läge unter einem hohen Baum
in einem düstern Walde. Ich will hinauf, hinauf zum Wipfel, und

mich in der lichten Landschaft umsehen, wo die Sonne scheint, und das Vogelnest dort oben plündern, in dem die Goldeier liegen. Und ich klettere und klettere, aber der Stamm ist so dick und so glatt, und es ist so weit bis zum ersten Zweig. Aber ich weiß, wenn ich nur den ersten Zweig erreichte, könnte ich zum Wipfel, wie auf einer Leiter, emporsteigen. Noch habe ich ihn nicht erreicht, aber ich muß ihn erreichen, und wäre es auch nur im Traum!

JULIE. Hier stehe ich und schwatze mit Ihnen! Kommen Sie nun! Nur hinaus in den Park. *Sie bietet ihm den Arm und sie gehen.*

JEAN. Wir sollten heute Nacht auf neun Johannisnachtkräutern schlafen, dann gehen unsere Träume in Erfüllung, Fräulein!

Beide machen in der Tür kehrt.

JEAN *hält die Hand vor das eine Auge.*

JULIE. Lassen Sie mich sehen, was Ihnen ins Auge gekommen ist.

JEAN. O nichts! Nur ein Stäubchen – das ist gleich wieder gut.

JULIE. Es war der Ärmel meines Kleides, der Sie kratzte; setzen Sie sich nun, dann werde ich Ihnen helfen. *Sie nimmt ihn am Arm und setzt ihn am Tisch nieder; faßt dann seinen Kopf und legt ihn hintenüber; mit einem Zipfel des Taschentuches sucht sie das Stäubchen herauszubekommen.* Sitzen Sie jetzt still, ganz still. *Sie schlägt ihm auf die Hand.* So! will Er gehorchen! Ich glaube, der große, starke Mensch zittert! *Sie befühlt seinen Oberarm.* Mit solchen Armen!

JEAN *warnend.* Fräulein Julie!

JULIE. Ja, Monsieur Jean.

JEAN. Attention! Je ne suis qu'un homme!

JULIE. Will Er stillsitzen! – Sieh da! Nun ist es fort! Küss' Er meine Hand und dank' Er mir.

JEAN *steht auf.* Fräulein Julie! Hören Sie mich an! Jetzt ist Christine fortgegangen und hat sich zu Bett gelegt! Wollen Sie mich anhören?

JULIE. Erst die Hand küssen!

JEAN. Hören Sie mich an.

JULIE. Erst die Hand küssen!

JEAN. Ja, aber Sie müssen die Verantwortung übernehmen.

JULIE. Wofür?

JEAN. Wofür? Sind Sie mit fünfundzwanzig Jahren noch ein Kind? Wissen Sie nicht, daß es gefährlich ist, mit dem Feuer zu spielen?

JULIE. Nicht für mich; ich bin assekuriert!

JEAN *dreist*. Nein, das sind Sie nicht! Und wenn Sie es sind, dann gibt es feuergefährliche Einrichtungen in der Nachbarschaft!

JULIE. Sollten Sie das sein?

JEAN. Ja, nicht weil ich es bin, sondern weil ich ein junger Mann bin –

JULIE. – von vorteilhaftem Äußern – welche unglaubliche Eitelkeit! Ein Don Juan vielleicht! Oder ein Joseph! Ich glaube, meiner Treu, er ist ein Joseph!

JEAN. Glauben Sie?

JULIE. Ich fürchte beinahe.

JEAN *geht dreist auf sie zu und will sie umarmen, um sie zu küssen.*

JULIE *gibt ihm eine Ohrfeige.* Fort!

JEAN. Ist das Ernst oder Scherz?

JULIE. Ernst!

JEAN. Dann war auch das vorher Ernst! Sie spielen allzu ernst und das ist gefährlich! Nun bin ich aber des Spiels müde und bitte um Entschuldigung, daß ich wieder an meine Arbeit gehe. *Er geht nach hinten zu den Stiefeln.* Der Graf muß beizeiten seine Stiefel haben, und Mitternacht ist längst vorüber. *Er nimmt die Stiefeln auf.*

JULIE. Stell' Er die Stiefel fort!

JEAN. Nein! Das ist mein Dienst, den ich schuldig bin zu tun. Ich habe es aber niemals übernommen, Ihr Spielkamerad zu sein, und kann es auch niemals werden, denn ich halte mich dafür zu gut.

JULIE. Sie sind stolz!

JEAN. In gewissen Fällen; in andern nicht.

JULIE. Haben Sie jemals geliebt?

JEAN. Wir gebrauchen nicht das Wort; aber ich habe viele Mädchen gern gehabt, und einmal bin ich davon krank geworden, daß ich die nicht bekommen konnte, die ich haben wollte; krank, sehen Sie, wie die Prinzen in »Tausend und eine Nacht«, die vor lauter Liebe nicht essen und nicht trinken können. *Er stellt die Stiefel wieder hin.*

JULIE. Wer war es?

JEAN *schweigt.*

JULIE. Wer war es?

JEAN. Sie können mich nicht zwingen, es zu sagen.

JULIE. Wenn ich Sie, wie Ihresgleichen bitte, wie – ein Freund? Wer war es?

JEAN. Sie!

JULIE *setzt sich.* Wie komisch!

JEAN. Ja, wenn Sie es denn hören wollen! Es war lächerlich! Sehen Sie, das ist die Geschichte, die ich vorhin nicht erzählen wollte; aber jetzt werde ich sie erzählen! Wissen Sie, wie die Welt von unten aussieht? Nein, das wissen Sie nicht! Gleich Habichten und Falken, deren Rücken man selten sehen kann, da sie meist droben schweben. Ich wuchs im Insthause mit sieben Schwestern und – einem Schwein zusammen, draußen auf den nackten, grauen Feldern heran, wo nicht ein Baum wuchs. Aber vom Fenster aus konnte ich die Mauer des gräflichen Parks mit den Äpfelbäumen darüber erblicken. Das war der Garten des Paradieses; und dort standen viele Engel mit flammendem Schwert und bewachten ihn. Aber nichtsdestoweniger fand ich und andere Jungen den Weg zum Baume des Lebens – nun, verachten Sie mich?

JULIE. Ach! Äpfel stehlen, das tun alle Jungen!

JEAN. Das sagen Sie jetzt so, aber Sie verachten mich doch! Na, gleichviel! Einmal kam ich mit meiner Mutter in den Garten hinein, um die Zwiebelbeete von Unkraut zu säubern! Dicht bei der Gartenmauer stand ein türkischer Pavillon im Schatten von Jasminen und umrankt von Kaprifolien. Ich wußte nicht, wozu es diente, aber ich hatte noch niemals ein so schönes Gebäude gesehen. Leute gingen dort aus und ein, und eines Tages stand die Tür offen. Ich schlich dorthin und sah die Wände mit Bildern von Königen und Kaisern bedeckt, und vor den Fenstern waren rote Gardinen mit Franzen daran – nun wissen Sie, was ich meine. Ich – *er nimmt einen Fliederzweig und hält ihn dem Fräulein unter die Nase* – ich war niemals im Schlosse gewesen, hatte niemals etwas anderes, als die Kirche gesehen – aber dies hier war viel schöner; und wo meine Gedanken auch hineilten, immer kehrten sie dorthin zurück. Und dann allmählich erhob sich in mir die Sehnsucht, einmal die ganze Herrlichkeit kennen zu lernen – enfin, ich schlich mich hinein, sah und bewunderte. Aber dann kam jemand! Für die Herrschaft gab es zwar nur einen Ausgang, aber ich fand noch einen andern, und ich hatte weiter keine Wahl!

JULIE *welche den Fliederzweig genommen hatte, läßt ihn auf den Tisch fallen.*

JEAN. So sprang ich denn und stürzte durch eine Himbeerhecke, rutschte über ein Gartenbeet hinweg und kam auf die Rosenterrasse. Dort erblickte ich ein helles Kleid und ein paar weiße Strümpfe – das waren Sie. Ich legte mich unter einen Haufen Unkraut, – *darunter*, können Sie sich das denken? – unter Disteln, die mich stachen, und nasse Erde, welche stank. Und ich schaute nach Ihnen, während Sie zwischen den Rosen dahinschritten, und ich dachte: wenn es wahr ist, daß ein Mörder ins Himmelreich kommen kann und bei den Engeln bleiben, so ist es sonderbar, daß ein Kätnersjunge hier auf Gottes Erde nicht soll in einen Schloßpark kommen und mit des Grafen Tochter spielen können.

JULIE *elegisch*. Glauben Sie, daß alle armen Kinder in diesem Fall denselben Gedanken gehabt hätten.

JEAN *erst zögernd, dann in überzeugtem Ton*. Ob alle armen – ja – natürlich! Ganz gewiß!

JULIE. Es muß ein grenzenloses Unglück sein, arm zu sein.

JEAN *mit tiefem Schmerz, stark auftragend*. Ach, Fräulein Julie! Ach! Ein Hund kann auf dem gräflichen Sofa liegen, ein Pferd kann von einer Damenhand auf die Schnauze geklopft werden, aber ein Junge – *in verändertem Ton*. Ja, ja, bei einem Einzelnen ist wohl genug Stoff vorhanden, um in der Welt emporzukommen, aber wie oft ist das der Fall! Indessen wissen Sie, was ich tat? Ich sprang in Kleidern in den Mühlbach hinunter; wurde aber herausgezogen und bekam Prügel. Am nächsten Sonntag aber, als Vater und Alle im Hause zu Großmutter fuhren, wußte ich es so einzurichten, daß ich zu Hause blieb. Und dann wusch ich mich mit Seife und warmem Wasser, legte meine besten Kleider an und ging zur Kirche, wo ich Sie zu sehen bekommen konnte! Ich sah Sie und ging nach Hause, entschlossen zu sterben; aber ich wollte schön und angenehm sterben, ohne Schmerzen. Und da besann ich mich, daß es gefährlich wäre, unter einem Fliederbusch zu schlafen. Wir hatten einen solchen, welcher gerade in Blüte stand. Ich pflückte alle Blüten ab, die er besaß, und bettete mich dann im Haferkasten. Haben Sie bemerkt, wie glatt der Hafer ist? weich für die Hand, wie Menschenhaut. Dann schloß ich den Deckel, druselte ein, schlief schließlich ganz fest und erwachte wirklich sehr krank. Aber ich starb doch nicht, wie Sie sehen. Was ich wollte – ich weiß es nicht! Sie zu gewinnen, war ja keine Möglichkeit vorhanden – aber Sie waren für mich ein Beweis dafür, wie hoffnungslos es für mich sei, aus dem Kreise emporzukommen, in dem ich geboren.

JULIE. Sie erzählen scharmant, wissen Sie! Sind Sie in die Schule gegangen?

JEAN. Ein wenig; aber ich habe viel Romane gelesen und bin viel im Theater gewesen. Außerdem habe ich feine Leute reden hören, und von ihnen habe ich am meisten gelernt.

JULIE. Horchen Sie denn auf das, was wir sagen?

JEAN. Ja, gewiß! Und ich habe vieles gehört, wenn ich auf dem Kutscherbock gesessen oder das Boot gerudert habe. Einmal hörte ich Fräulein Julie und eine Freundin –

JULIE. So? Was hörten Sie denn?

JEAN. Ja, das kann ich nun nicht so sagen; aber ich war wahrlich ein wenig erstaunt und verstand nicht, woher Sie all' die Worte gelernt haben. Vielleicht ist im Grunde genommen kein so großer Unterschied zwischen Menschen und Menschen, wie man glaubt!

JULIE. Ach, schämen Sie sich! Wir leben doch nicht, wie ihr, wenn wir einen Liebsten haben.

JEAN *fixiert sie.* Ist das so sicher? Ja, meinetwegen brauchen sich das Fräulein nicht so unschuldig anzustellen –

JULIE. Es war ein Schuft, dem ich meine Liebe schenkte.

JEAN. Das sagen die Mädchen immer – hinterher.

JULIE. Immer?

JEAN. Ich glaube immer, da ich den Ausdruck schon mehrmals früher in solchen Fällen gehört habe.

JULIE. Was für Fälle?

JEAN. Wie der eben erwähnte. Das letzte Mal –

JULIE. Still, ich will nichts mehr hören –

JEAN. Das wollte *sie* auch nicht – es ist merkwürdig. Na, dann bitte ich zu Bett gehen zu dürfen.

JULIE *scharf.* In der Johannisnacht schlafen gehen.

JEAN. Ja! mit dem Pack da draußen zu tanzen, das amüsiert mich wirklich nicht.

JULIE. Nehmen Sie den Schlüssel zum Boot und rudern Sie mich auf den See hinaus; ich will den Sonnenaufgang sehen.

JEAN. Ist das vernünftig?

JULIE. Es hat den Anschein, als wären Sie um Ihren Ruf besorgt!

JEAN. Warum nicht? Ich möchte nicht gern lächerlich werden, ich möchte nicht gern ohne Empfehlung fortgejagt sein, wenn ich mich etablieren will. Und mir scheint, ich habe gewisse Verpflichtungen gegen Christine.

JULIE. Ja so, nun ist es wieder Christine –

JEAN. Ja, aber auch Ihretwegen. Hören Sie meinen Rat und gehen Sie hinauf und legen Sie sich zu Bett.

JULIE. Soll ich Ihnen etwa gehorchen?

JEAN. Dieses eine Mal, um Ihrer selbst willen! Ich bitte Sie! Es ist spät in der Nacht, der Schlaf macht trunken, und der Kopf wird heiß! Gehen Sie zur Ruhe! Übrigens – wenn ich recht höre – kommen die Leute hierher, um mich zu suchen! Und findet man uns hier, so sind Sie verloren!

CHOR *der von fern hörbar ist und sich nähert.*

Sie gefällt mir aus der Maßen,
Das schöne Fräuelein,
Ich kann's nicht unterlassen,
Ich muß ihr Diener sein,
Denn sie erfreut mein Herz!
Tiritidi–ralla, Tiritidi–ra!

Und nun ist mir gelungen,
Wonach ich hab' getracht.
All' Freier sind verdrungen,
Hab' sie in Lieb gebracht,
Das schöne Fräuelein
Tiritidi–ralla–la–la!

JULIE. Ich kenne unsere Leute und ich liebe sie, gleich wie sie mich gern haben. Laß sie nur kommen, dann werden Sie sehen!

JEAN. Nein, Fräulein Julie, die Leute lieben Sie nicht. Sie essen Ihr Brot, aber sie verspotten Sie hinterher. Glauben Sie mir! Hören Sie, hören Sie nur, was sie singen! – Oder nein, hören Sie lieber nicht hin!

JULIE *lauscht.* Was singen sie?

JEAN. Es ist ein Spottgedicht! Von Ihnen und von mir!

JULIE. Abscheulich! O pfui! Und so hinterlistig –

JEAN. Das Pack ist immer feig! Und in *dem* Kampfe kann man nichts tun, als fliehen!

JULIE. Fliehen? Aber wohin? Hinaus können wir nicht. Und zu Christine hineingehen können wir auch nicht!

JEAN. Also denn in mein Zimmer hinein! Not hat kein Gebot; und mir können Sie trauen, denn ich bin Ihr wirklicher, aufrichtiger und ehrfurchtsvoller Freund!

JULIE. Aber bedenken Sie! – Wenn man Sie nun dort sucht?

JEAN. Ich verriegle die Tür, und will man hineinbrechen, so schieße ich! – Kommen Sie! *Kniеend.* Kommen Sie!

JULIE *bedeutungsvoll.* Geloben Sie mir –

JEAN. Ich schwöre!

JULIE *eilig links ab.*

JEAN *folgt ihr erregt.*

Stumme Szene

Brautleute in Feiertagskleidung, mit Blumen an den Hüten, ein Violinspieler an der Spitze, kommen durch die Glastüre. Ein Faß Dünnbier und ein Fäßchen Branntwein, mit Laub umwunden, werden auf den Tisch rechts gelegt; man nimmt Gläser hervor. Alsdann wird getrunken. Dann wird ein Ring gebildet und das Tanzspiel gesungen und getanzt. Hiernach ziehen sie wieder singend durch die Glastür ab.

JULIE *kommt von links allein zurück, sieht die Unordnung in der Küche und schlägt die Hände zusammen; dann nimmt sie eine Puderquaste vor und pudert ihr Gesicht.*

JEAN *kommt dem Fräulein von links nach, exaltiert.* Da sehen Sie! Sie haben nun selbst gehört! Halten Sie es für möglich, hier zu bleiben?

JULIE. Nein! Das tue ich nicht mehr! Aber was sollen wir denn machen?

JEAN. Fliehen, reisen, weit von hier fort!

JULIE. Reisen? Ja, aber wohin?

JEAN. Nach der Schweiz, nach den italienischen Seen; dort sind Sie noch niemals gewesen?

JULIE. Nein! Ist es schön dort?

JEAN. O ein ewiger Sommer, Orangen, Lorbeeren! Ach!

JULIE. Aber was sollen wir dort denn nachher anfangen?

JEAN. Dort errichten wir ein Hotel ersten Ranges mit Gästen ersten Ranges.

JULIE. Ein Hotel?

JEAN. Das ist ein Leben, können Sie mir glauben; unaufhörlich neue Ansichten, neue Sprachen; nicht eine Minute Zeit zum Grübeln oder Träumen; kein Suchen nach Beschäftigung, denn die Arbeit kommt von selbst: Tag und Nacht schellt die Glocke, pfeift der Zug, kommt und geht der Omnibus, während die Goldstücke im Kontor rollen! Das ist ein Leben!

JULIE. Ja, das heißt leben! Und ich?

JEAN. Die Herrin des Hauses; die Zierde der Firma. Mit Ihrem Aussehen – und Ihrem Benehmen – o – der Erfolg ist sicher! Kolossal! Sie sitzen wie eine Königin im Kontor und setzen die Sklaven in Bewegung mit einem Druck auf die elektrische Glocke; die Gäste defilieren an Ihrem Thron vorbei und legen demütig ihre Schätze auf Ihren Tisch. Sie können sich gar nicht denken, wie die Menschen zittern, wenn sie eine Rechnung in die Hand bekommen – ich werde die Noten pfeffern, und Sie müssen sie mit Ihrem süßesten Lächeln bezuckern. Ach! Lassen Sie uns von hier fort reisen! *Er nimmt einen Fahrplan aus der Tasche.* Gleich mit dem nächsten Zug! wir sind um sechs Uhr dreißig in Malmö, in Hamburg um acht Uhr vierzig morgen früh; Frankfurt – Basel ein Tag, und in Como, mit der Gotthardtbahn in – sehen wir – drei Tagen. Nur drei Tage!

JULIE. Das ist alles sehr schön! Aber Jean – du mußt mir Mut geben! Sage mir, daß du mich liebst! Komm und umarme mich!

JEAN *zögernd.* Ich möchte – aber ich wage es nicht. Nicht hier im Hause. Ich liebe Sie – zweifellos – können Sie überhaupt daran zweifeln?

JULIE *mit echt weiblicher Scham.* Sie! Sage du! Zwischen uns gibt es keine Schranken mehr! Sage du!

JEAN *in gequältem Ton.* Ich kann nicht! Noch gibt es Schranken zwischen uns, solange wir in diesem Hause weilen – da ist die Vergangenheit – da ist der Herr Graf; ich bin niemals mit einem Menschen zusammengetroffen, vor dem ich soviel Respekt hatte – ich brauche nur seine Handschuhe auf einem Stuhl liegen zu sehen, dann komme ich mir gleich ganz klein vor – ich brauche nur die Glocke da oben zu hören, dann fahre ich zusammen, wie ein scheues Pferd – und wenn ich nun seine Stiefel da stehen sehe, so stolz und gerade, dann packt es mich im Rücken! *Er stößt die Stiefel mit dem Fuß weiter.* Aberglaube, Vorurteil, das man uns von Kindheit an eingepfropft hat, das man aber niemals loswerden kann. Kommen Sie nur in ein anderes Land, in eine Republik, und man soll auf den Knieen liegen vor der Livree meines Portiers – auf den Knieen *soll* man liegen, Sie werden sehen! aber nicht ich! Ich bin nicht dazu geboren, auf den Knieen zu liegen, denn es ist Stoff in mir, Charakter, und habe ich nur erst den ersten Zweig erreicht, dann sollen Sie mich klettern sehen! Ich bin heute Bedienter, aber nächstes Jahr bin ich Proprietär, in zehn Jahren Rentier, und dann reise ich nach Rumänien und lasse mich dekorieren, und kann – merken Sie wohl, ich sage kann – als Graf enden.

JULIE. Gut, gut.

JEAN. Ah, in Rumänien kauft man sich den Grafentitel, und dann werden Sie doch eine Gräfin! Meine Gräfin!

JULIE. Was mache ich mir aus all' dem, was ich nun von mir werfe! Sage, daß du mich liebst, sonst – ja, was bin ich sonst?

JEAN. Ich werde es sagen, tausendmal – später! Nur nicht hier! Und vor allem keine Empfindsamkeit, wenn nicht alles verloren sein soll! Wir müssen die Sache ruhig auffassen, als kluge Menschen. *Er nimmt eine Zigarre vor, schneidet die Spitze ab und zündet sie an.* Setzen Sie sich nun da hin. Dann setze ich mich hierher, und dann plaudern wir, als wenn nichts geschehen wäre.

JULIE. O mein Gott! Haben Sie denn kein Gefühl?

JEAN. Ich! Es gibt keinen gefühlvolleren Menschen, wie mich; aber ich kann mich beherrschen.

JULIE. Vor kurzem konnten Sie meinen Schuh küssen – und nun?

JEAN *hart.* Ja, vorher! Nun haben wir an anderes zu denken.

JULIE. Sprechen Sie nicht hart zu mir!

JEAN. Nein, aber klug! Eine Torheit ist begangen, begehen wir nicht mehrere! Der Graf kann jeden Augenblick hier sein, und unser Schicksal muß vorher entschieden sein. Was halten Sie von meinen Plänen für die Zukunft? Sagen sie Ihnen zu?

JULIE. Sie scheinen mir ganz annehmbar, aber eine Frage: zu einem so großen Unternehmen gehört ein großes Kapital; haben Sie das?

JEAN *raucht.* Ich! Ja gewiß! Ich habe meine Fachkenntnisse, meine seltene Erfahrung, meine Sprachkenntnisse! Das ist ein Kapital, welches etwas wert ist, scheint mir!

JULIE. Aber dafür können wir nicht einmal ein Eisenbahnbillet kaufen.

JEAN. Das ist wohl wahr; aber deshalb suche ich einen Menschen, der die Fonds vorstrecken kann.

JULIE. Wo finden Sie den in der Eile?

JEAN. Den werden *Sie* finden, wenn Sie mein Compagnon werden.

JULIE. Das kann ich nicht, und ich selbst besitze nichts.

Pause.

JEAN. Dann fällt die ganze Sache in sich zusammen –

JULIE. Und –?

JEAN. Es bleibt, wie es ist!

JULIE. Glauben Sie, ich weile unter diesem Dache noch länger als Ihre Maitresse? Glauben Sie, ich will die Leute mit Fingern auf mich zeigen lassen; denken Sie, ich kann hiernach meinem Vater ins Gesicht sehen? Nein! Führen Sie mich fort von hier, von Erniedrigung und Entehrung! O mein Gott, was habe ich getan! O mein Gott, mein Gott! *Sie weint.*

JEAN. Aha, nun fängt es auf die Art an! – Was Sie getan haben? Dasselbe, wie tausend andere vor Ihnen!

JULIE *schreit wie in einem Krampfanfall.* Und nun verachten Sie mich! Ich falle, ich falle!

JEAN. Fallen Sie nieder zu mir, dann werde ich Sie später emporheben.

JULIE. Welche entsetzliche Macht zog mich zu Ihnen herab? Die, welche den Schwachen zum Starken hinzieht? Den Fallenden zum Steigenden? Oder war es Liebe? Liebe – dieses? Wissen Sie, was Liebe ist?

JEAN. Ich? Ja, das sollte ich meinen? Glauben Sie, ich hätte sie nicht schon früher empfunden?

JULIE. Welche Sprache Sie reden! Und welche Gedanken Sie denken!

JEAN. So habe ich es gelernt; und so bin ich! Seien Sie nun nicht nervös und spielen Sie nicht die feine Dame, wir haben uns eine Suppe eingebrockt, die wir ausessen müssen! – Na sieh, mein Mädel, komm, ich will dir ein Glas extra geben. *Er öffnet die Tischschublade, nimmt die Weinflasche heraus und füllt zwei der gebrauchten Gläser.*

JULIE. Von wo haben Sie den Wein her?

JEAN. Aus dem Keller!

JULIE. Meines Vaters Burgunder!

JEAN. Ist er vielleicht zu gut für den Schwiegersohn?

JULIE. Und ich trinke Bier!

JEAN. Das beweist nur, daß Sie einen schlechteren Geschmack haben, als ich.

JULIE. Dieb!

JEAN. Wollen Sie etwa ausplaudern?

JULIE. O, o! Die Mitschuldige eines Hausdiebes! Bin ich heute Nacht betrunken gewesen und habe im Traum gehandelt? Johannisnacht? Das Fest unschuldiger Freuden –

JEAN. Unschuldiger – hm!

JULIE *geht auf und ab.* Giebt es in diesem Augenblick einen Menschen auf Erden, der so unglücklich ist, wie ich?

JEAN. Warum sind Sie es? Nach einer solchen Eroberung! Denken Sie an Christine dort drinnen! Glauben Sie, daß sie nicht auch Gefühl hat?

JULIE. Ich glaubte es früher, aber jetzt glaube ich es nicht mehr. Nein, Knecht ist Knecht –

JEAN. Und Dirne ist Dirne!

JULIE *auf den Knieen, mit gefalteten Händen.* O Gott im Himmel, nimm mein erbärmliches Leben von mir! Nimm mich von diesem Schmutz, in dem ich versinke! Rette mich! Rette mich!

JEAN. Ich kann nicht leugnen, daß Sie mir leid tun! Damals, als ich im Zwiebelbeet lag und Sie im Rosengarten sah, da – nun werde ich es Ihnen sagen – da hatte ich dieselben schmutzigen Gedanken, wie alle Jungen.

JULIE. Und doch wollten Sie für mich sterben!

JEAN. Im Haferkasten? Das war nur leeres Geschwätz.

JULIE. Also Lüge?

JEAN *beginnt schläfrig zu werden.* Nahezu! Die Geschichte habe ich einmal in einer Zeitung gelesen, von einem Schornsteinfeger, der sich in einen Kasten mit Flieder legte, weil er zum Alimentationsbeitrag verurteilt wurde.

JULIE. Ja, also so sind Sie –

JEAN. Was sollte ich sonst erfinden; man muß die Frauenzimmer ja immer mit Schmeicheleien fangen!

JULIE. Schuft!

JEAN. Dirne!

JULIE. Und ich sollte der erste Zweig werden –

JEAN. Aber der Zweig war morsch.

JULIE. Ich sollte das Aushängeschild des Hotels werden –

JEAN. Und ich das Hotel.

JULIE. In Ihrem Kontor sitzen, Ihre Kunden anlocken, Ihre Rechnungen fälschen –

JEAN. Das würde ich selbst besorgen –

JULIE. Daß eine Menschenseele so durch und durch schmutzig sein kann!

JEAN. Waschen Sie sie doch rein!

JULIE. Lakai! Domestik! Steh auf, wenn ich rede!

JEAN. Domestikendirne halte den Mund und geh von hier fort. Willst du herkommen und mir vorwerfen, ich sei roh? So gemein, wie du dich heute Abend aufgeführt hast, hat sich niemals einer meinesgleichen benommen. Glaubst du, ein einfaches Mädchen berührt Männer so, wie du? Hast du je ein Mädchen meines Standes sich so anbieten gesehen?

JULIE *zerknirscht.* So ist's recht; schlage mich; trete mich nieder; ich habe es nicht besser verdient! Ich bin eine Elende; aber hilf mir! Hilf mir weiter, wenn eine Möglichkeit vorhanden ist!

JEAN *sanfter.* Ich will nicht auf meinen Anteil an der Ehre, Sie verführt zu haben, verzichten; aber glauben Sie, daß eine Person in meiner Stellung gewagt haben würde, die Augen zu Ihnen zu erheben, wenn Sie nicht selbst dazu aufgefordert hätten! Ich bin noch ganz verblüfft –

JULIE. Und stolz –

JEAN. Warum nicht? Obschon ich bekennen muß, daß der Sieg mir zu leicht war, um eigentlich einen Rausch geben zu können.

JULIE. Schlagen Sie mich nur noch mehr!

JEAN *steht auf.* Nein, verzeihen Sie mir lieber das, was ich schon gesagt habe! Ich schlage keinen Wehrlosen und am wenigsten ein Frauenzimmer. Ich kann nicht leugnen, daß es mich einerseits freut, gesehen zu haben, daß es nur Katzengold war, was uns dort unten blendete; gesehen zu haben, daß der Rücken des Habichts auch nur grau ist, daß auf der zarten Wange Puder war, und daß die geschliffenen Nägel schwarze Ränder haben können, daß das Taschentuch schmutzig war, wenn es auch nach Parfüm duftete –! Aber es peinigt mich andererseits, gesehen zu haben, daß das, wonach ich strebte, nichts Höheres, Solideres war; es peinigt mich, Sie so tief gesunken zu sehen, daß Sie weit unter Ihrer Köchin stehen: es peinigt mich zu sehen, wie die Herbstblumen von dem Regen zerschlagen und in Schmutz verwandelt werden.

JULIE. Sie reden, als wenn Sie bereits über mir ständen.

JEAN. Das tue ich auch: Sehen Sie, ich könnte Sie in eine Gräfin verwandeln, aber Sie können mich niemals zum Grafen machen.

JULIE. Aber ich bin von einem Grafen gezeugt, und das können Sie niemals werden.

JEAN. Das ist wahr: aber ich könnte selbst Grafen erzeugen, wenn –

JULIE. Aber Sie sind ein Dieb, und das bin ich nicht.

JEAN. Dieb ist nicht das Schlimmste! Es gibt schlimmere Dinge. Und übrigens: wenn ich in einem Hause diene, betrachte ich mich gewissermaßen als Mitglied der Familie, als Kind des Hauses, und man sieht es nicht für Diebstahl an, wenn das Kind eine Beere von einem vollen Strauch pflückt. *Seine Leidenschaft erwacht wieder von neuem.* Fräulein Julie, Sie sind ein herrliches Weib, allzu gut für einen Menschen wie mich! Sie sind die Beute eines Rausches gewesen, und Sie wollen den Fehler dadurch verdecken, daß Sie sich einbilden, Sie lieben mich! Das tun Sie aber nicht, es sei denn, daß Sie vielleicht nur mein Äußeres verlockt – und dann ist Ihre Liebe nicht besser, als die meinige; aber ich kann mich niemals damit begnügen, für Sie ein bloßes Tier zu sein, und Ihre Liebe kann ich nicht erringen.

JULIE. Sind Sie dessen so sicher?

JEAN. Sie meinen, es könnte geschehen! Ich könnte Sie lieben, ja, zweifellos: Sie sind schön, Sie sind fein, *er nähert sich ihr und faßt ihre Hand* gebildet, liebenswürdig, wenn Sie wollen, und wenn Sie die Begier eines Mannes erregt haben, erlischt dieselbe wahrscheinlich niemals. *Er umfaßt sie.* Sie sind wie glühender Wein mit starken Kräutern, und ein Kuß von Ihnen – *er versucht sie nach links hinauszuführen; aber sie ringt sich los.*

JULIE. Lassen Sie mich los! So gewinnen Sie mich nicht!

JEAN. *Wie* denn? – Nicht so! Nicht mit Liebkosungen und schönen Worten; nicht mit Umsicht für die Zukunft, Rettung vor Schande! *Wie* denn?

JULIE. Wie? Wie? Ich weiß nicht! Überhaupt nicht. Ich verabscheue Sie, wie die Ratten, aber ich kann nicht ohne Sie sein.

JEAN. Fliehen Sie mit mir!

JULIE *macht sich an ihrem Anzug zu schaffen.* Fliehen? Ja gewiß werden wir fliehen! Aber ich bin so müde! Geben Sie mir ein Glas Wein.

JEAN *gießt ein.*

JULIE *sieht nach der Uhr.* Aber erst müssen wir reden; wir haben noch ein wenig Zeit übrig. *Sie trinkt das Glas aus und reicht es nach mehr dar.*

JEAN. Trinken Sie nicht so unmäßig, Sie werden berauscht.

JULIE. Was tut es?

JEAN. Was es tut? Es ist gemein, sich zu betrinken. Was wollen Sie mir also sagen?

JULIE. Wir werden fliehen! Aber erst wollen wir reden; daß heißt, ich werde reden, denn bisher haben Sie nur allein gesprochen. Sie haben Ihr Leben erzählt, nun will ich das meinige erzählen, dann kennen wir einander gründlich, bevor wir die gemeinschaftliche Wanderung antreten.

JEAN. Einen Augenblick! Verzeihen Sie! Denken Sie nach, ob Sie es nicht hernach bereuen werden, wenn Sie mir die Geheimnisse Ihres Lebens preisgegeben haben!

JULIE. Sind Sie nicht mein Freund?

JEAN. Ja, bisweilen! Aber trauen Sie mir nicht!

JULIE. Das sagen Sie nur so. Und übrigens: meine Geheimnisse kennt jedermann. Sehen Sie, meine Mutter war nicht von adliger, sondern von ganz einfacher Herkunft. Sie war in den Lehren ihrer Zeit von Gleichheit und Freiheit des Weibes und all' dem erzogen; und sie hatte eine entschiedene Abneigung gegen die Ehe. Als daher mein Vater um sie freite, antwortete sie, sie würde niemals seine Gattin werden wollen, aber – dann wurde sie es doch. Ich kam zur Welt – gegen den Wunsch meiner Mutter, soweit ich verstehen konnte. Nun sollte ich von meiner Mutter zu einem Naturkind erzogen werden und zudem sollte ich alles lernen dürfen, was ein Junge zu lernen bekommt, damit ich ein Beispiel liefern könnte dafür, daß das Weib ebenso gut wäre, wie der Mann. Ich durfte in Jungenkleidern gehen, lernte Pferde warten; durfte aber nicht in die Meierei gehen; ich mußte Pferde striegeln und anschirren und auf die Jagd gehen, ja ab und zu durfte ich sogar versuchen, Feldarbeit zu erlernen. Und auf dem Hofe wurde den Männern Weiberarbeit, und den Weibern Männerarbeit übertragen – mit dem Erfolg, daß das Besitztum anfing herunterzukommen, und wir zum Gelächter der ganzen Gegend wurden. Schließlich muß mein Vater aus seiner Verzauberung erwacht sein und revoltiert haben, denn es wurde alles nach seinen Wünschen umgeändert. Meine Mutter wurde krank – was für eine Krankheit weiß ich nicht – aber sie litt oft an Krämpfen, versteckte sich auf dem Boden und im Garten und blieb die ganze Nacht im Freien. Dann kam die große Feuersbrunst, von der Sie wohl reden gehört haben. Haus, Wirtschaftsgebäude und Ställe brannten ab und zwar unter Umständen, die eine Brandstiftung vermuten ließen, denn das Unglück geschah am Tage nach dem Ablauf des Versicherungsquartals, und die Prämie, die mein Vater einsandte, wurde durch die Nachlässigkeit des Boten aufgehalten, sodaß sie nicht zur Zeit hingelangte. *Sie füllt das Glas und trinkt.*

JEAN. Trinken Sie nicht mehr!

JULIE. Ach, was macht das! Wir waren obdachlos und mußten im Wagen schlafen. Mein Vater wußte nicht, wo er zum Wiederaufbau des Hauses Geld hernehmen sollte. Da gibt Mutter ihm den Rat, einen ihrer Jugendfreunde, einen Ziegelfabrikanten hier in der Nähe, um ein Darlehn anzugehen. Vater erhielt das Darlehn, sollte aber keine Zinsen bezahlen, was ihn in Erstaunen versetzte. Und dann wurde der Hof aufgebaut! *Sie trinkt wieder.* Wissen Sie, wer den Hof angesteckt hatte?

JEAN. Ihre Frau Mutter.

JULIE. Wissen Sie, was der Ziegelfabrikant war?

JEAN. Der Liebhaber Ihrer Mutter.

JULIE. Wissen Sie, wem das Geld gehörte?

JEAN. Warten Sie ein wenig – nein, das weiß ich nicht.

JULIE. Meiner Mutter.

JEAN. Dem Grafen also, wenn sie nicht in getrennten Gütern lebten?

JULIE. Das taten sie nicht! Meine Mutter hatte ein kleines Vermögen, welches sie nicht durch meinen Vater verwalten lassen wollte, und darum deponierte sie es bei – dem Freunde.

JEAN. Der es unterschlug!

JULIE. Ganz richtig! Er behielt es! Dies alles kommt meinem Vater zu Ohren; er konnte aber nicht prozessieren, den Liebhaber seiner Gattin nicht bezahlen, nicht beweisen, daß es das Geld seiner Frau war. Das war die Rache meiner Mutter dafür, daß er die Gewalt im Hause an sich riß. Damals hatte er die Absicht, sich zu erschießen! Es ging das Gerücht, daß er es hätte tun wollen, und daß es mißglückt wäre! Er blieb also am Leben, und meine Mutter mußte ihre Taten entgelten! Das war eine böse Zeit für mich, können Sie sich denken.

Ich sympathisierte mit meinem Vater, aber ich ergriff doch die Partei meiner Mutter, da ich nicht die Verhältnisse kannte. Von ihr hatte ich Mißtrauen und Haß gegen die Männer erlernt – denn sie haßte die Männer, so weit ich gehört habe – und ich schwor ihr, niemals die Sklavin eines Mannes zu werden.

JEAN. Und dann verlobten Sie sich mit dem Kronvogt.

JULIE. Gerade deshalb, daß er mein Sklave werden sollte.

JEAN. Und das wollte er nicht?

JULIE. Er wollte wohl, aber es kam nicht dazu! Ich wurde seiner überdrüssig.

JEAN. Ich sah es – im Stall.

JULIE. Was sahen Sie?

JEAN. Ich sah, wie er die Verlobung aufhob.

JULIE. Das ist gelogen! Ich war es, die die Verlobung aufhob. Hat er gesagt, daß er es tat, der Schuft?

JEAN. Er war wohl kein Schuft! Sie hassen die Männer, Fräulein?

JULIE. Ja! – Meistens! Aber bisweilen, wenn die Schwachheit kommt – o pfui!

JEAN. So hassen Sie auch mich?

JULIE. Grenzenlos! Ich könnte Sie töten lassen wie ein Tier –

JEAN. Der Übeltäter wird zur Strafarbeit verurteilt, das Tier aber getötet!

JULIE. Ganz recht!

JEAN. Aber nun ist hier kein Tier – und auch kein Ankläger. Was wollen wir nun tun?

JULIE. Reisen!

JEAN. Um einander zu Tode zu quälen?

JULIE. Nein – um zwei, drei Jahre, oder so lange man kann, zu genießen – und dann zu sterben.

JEAN. Sterben? So dumm! Da halte ich es für besser, ein Hotel zu errichten!

JULIE *ohne auf Jean zu hören.* Am Comersee, wo ewig die Sonne scheint, wo die Lorbeerbäume zur Weihnachtszeit grünen und die Orangen glühen.

JEAN. Der Comersee ist ein Regenloch, und ich sah dort nirgend Orangen, als bei den Obsthändlern; aber es ist ein guter Fremdenort, denn es gibt dort viele Villen, die an verliebte Paare vermietet werden, und das ist eine sehr einträgliche Industrie, wissen Sie warum? Sie machen Kontrakt auf ein halbes Jahr – und reisen bereits nach drei Wochen.

JULIE *naiv.* Warum nach drei Wochen?

JEAN. Sie erzürnen sich natürlich! aber die Miete muß trotzdem bezahlt werden! Und dann vermietet man wieder. Und so geht es einmal nach dem andern, denn Liebe gibt es bis in alle Ewigkeit – wenn sie auch nicht so lange währt.

JULIE. Sie wollen nicht mit mir sterben?

JEAN. Ich will überhaupt noch nicht sterben! Einmal, weil mir das Leben noch gefällt, und dann, weil ich den Selbstmord für ein Verbrechen gegen die Vorsehung ansehe, die uns das Leben geschenkt hat.

JULIE. Sie glauben an Gott – *Sie*?

JEAN. Ja, gewiß tue ich das? Und ich gehe jeden andern Sonntag in die Kirche. Aufrichtig gesprochen, bin ich dessen hier jetzt müde und gehe nun zu Bett.

JULIE. Ja so, und Sie glauben, daß ich mir damit genügen lasse? Wissen Sie, was ein Mann einer Frau schuldig ist, die er entehrt hat?

JEAN *nimmt sein Portemonnaie hervor und wirft eine Silbermünze auf den Tisch.* Seien Sie so gut! Ich will nichts schuldig sein!

JULIE *tut, als wenn sie seinen Schimpf nicht bemerkt.* Wissen Sie, was das Gesetz bestimmt?

JEAN. Leider kennt das Gesetz keine Strafe für das Weib, das einen Mann verführt.

JULIE *wie vorher.* Sehen Sie einen andern Ausweg als den, daß wir reisen, uns trauen und wieder scheiden lassen?

JEAN. Und wenn ich mich weigere, die Mesalliance einzugehen?

JULIE. Mesalliance?

JEAN. Ja, für mich! Sehen Sie, ich habe feinere Ahnen als Sie, denn ich habe keine Mordbrenner in meinem Geschlecht!

JULIE. Können Sie das wissen?

JEAN. Sie können jedenfalls nicht das Gegenteil beweisen, denn wir haben keine andern Stammtafeln – als auf der Polizei! Aber von Ihrem Stammbaum habe ich in einem Buch auf dem Salontisch gelesen. Wissen Sie, was Ihr Stammvater war? Ein Müller, bei dessen Frau der König während des dänischen Krieges eine Nacht verbrachte. Solche Ahnen habe ich nicht! Ich habe überhaupt keine Ahnen, aber ich kann selbst einer werden.

JULIE. Das habe ich davon, daß ich mein Herz einem Unwürdigen geöffnet, daß ich meine Familienehre preisgegeben habe –

JEAN. Familienschande wollen Sie sagen! Ja, sehen Sie, das sagte ich Ihnen ja! man soll nicht trinken, denn dann schwatzt man! Und man *soll* nicht schwatzen!

JULIE. O wie ich es bereue, wie ich es bereue! Und wenn Sie mich wenigstens liebten!

JEAN. Zum letztenmal – was wollen Sie? Soll ich weinen, soll ich über die Reitpeitsche springen, soll ich Sie küssen, auf drei Wochen an den Comersee locken, und dann – was soll ich? Was wollen Sie? Es fängt an peinlich zu werden. Aber das kommt davon, wenn man seine Nase in Frauenzimmerangelegenheiten hineinsteckt! Fräulein Julie! Ich sehe, daß Sie unglücklich sind, ich weiß, daß Sie leiden, aber ich kann Sie nicht verstehen. Wir machen nicht solche Geschichten; wir kennen keinen Haß gegeneinander! Wir betreiben die Liebe als Spiel, wenn die Arbeit dazu Zeit läßt; aber wir haben nicht den ganzen Tag und die ganze Nacht dafür zur Verfügung. Ich sehe Ihnen an, Sie sind krank. Sie sind bestimmt krank.

JULIE. Sie müssen gut gegen mich sein, und nun reden Sie wie ein Mensch. Helfen Sie mir, helfen Sie mir; sagen Sie mir nur, was ich tun – welchen Weg ich einschlagen soll?

JEAN. In Jesu Namen, wenn ich es selbst wüßte.

JULIE. Ich bin rasend, ich bin verrückt gewesen, aber soll es denn keine Rettung geben?

JEAN. Bleiben Sie und seien Sie ruhig! Niemand weiß etwas.

JULIE. Unmöglich! Die Leute wissen es und Christine weiß es.

JEAN. Das wissen sie nicht, und sie werden niemals etwas Derartiges glauben.

JULIE *zaudernd.* Aber es kann noch einmal geschehen.

JEAN. Das ist wahr.

JULIE. Und die Folgen?

JEAN *erschreckt.* Die Folgen! Wo habe ich meinen Kopf gehabt, daran nicht zu denken? Ja, dann gibt es nur eins – fort von hier! Sogleich! Ich begleite Sie nicht, denn dann ist alles verloren, sondern Sie müssen allein reisen – fort – gleichviel wohin.

JULIE. Allein? Wohin? Das kann ich nicht.

JEAN. Sie müssen! Und zwar bevor der Graf zurück ist. Bleiben Sie, so wissen Sie, was daraus wird! Hat man erst einmal gefehlt, so wird man damit fortfahren, da der Schaden ja bereits geschehen ist. Dann wird man dreister und dreister – schließlich wird man entdeckt. Also reisen Sie! Schreiben Sie später an den Grafen, und bekennen alles, außer daß ich es war! Und das wird er nie erraten! Ich glaube auch nicht, daß ihm daran liegen wird, es zu erfahren!

JULIE. Ich werde reisen, wenn Sie mitkommen!

JEAN. Sind Sie rasend, Fräulein? Sie wollen mit Ihrem Bedienten durchbrennen? Übermorgen stände es in den Zeitungen, und das überlebte der Graf niemals.

JULIE. Ich kann nicht reisen! Ich kann nicht bleiben! Helfen Sie mir! Ich bin so müde, so grenzenlos müde. – Befehlen Sie mir! Bringen Sie wieder Leben in mich hinein, denn ich kann nicht mehr denken und nicht mehr handeln.

JEAN. Sehen Sie nun, was für ein elendes Geschöpf Sie sind? Warum blasen Sie sich auf und recken die Nase in die Luft, als wenn Sie der Herr der Schöpfung wären? Na, dann werde ich Ihnen befehlen! Gehen Sie und ziehen Sie sich an; versehen Sie sich mit Reisegeld und kommen Sie dann wieder herunter!

JULIE *halblaut.* Kommen Sie mit hinauf!

JEAN. Auf Ihr Zimmer? Nun sind Sie wieder verrückt. *Er zögert einen Augenblick.* Nein! Gehen Sie! Sofort! *Er faßt sie bei der Hand und geleitet sie durch die Glastür hinaus.*

JULIE *im Abgehen.* Sprich doch freundlich mit mir, Jean.

JEAN. Ein Befehl klingt immer unfreundlich! Fühlen Sie es nun selbst, fühlen Sie es! *Beide ab.*

Jean kommt zurück, seufzt erleichtert auf, setzt sich an den Tisch rechts und zieht sein Notizbuch hervor; er rechnet hie und da laut; stummes Mienenspiel. Christine kommt von rechts für den Kirchgang gekleidet, ein weißes Vorhemd und weißes Halstuch in der Hand.

CHRISTINE. Herr Jesus, wie sieht es hier aus! Was ist denn hier geschehen?

JEAN. Ach, das Fräulein hat die Leute hineingerufen. Hast du denn so fest geschlafen, daß du nichts gehört hast?

CHRISTINE. Ich habe wie ein Stein geschlafen!

JEAN. Und bereits für die Kirche angezogen?

CHRISTINE. Ja! Du hast ja versprochen, mich heute zum Abendmahl zu begleiten!

JEAN. Ja, das ist ja wahr! Und da hast du ja auch schon meinen Staat. Na, komm her. *Er setzt sich rechts.*

CHRISTINE *gibt ihm das weiße Vorhemd und Halstuch und ist ihm beim Umnehmen behilflich.*

Pause.

JEAN *schläfrig.* Was für ein Evangelium ist heute?

CHRISTINE. Es handelt wohl von der Köpfung Johannes des Täufers, denke ich mir.

JEAN. Das wird wohl schrecklich lange dauern! Au, du kratzt mich! O ich bin so schläfrig, so schläfrig!

CHRISTINE. Ja, was hast du denn die ganze Nacht gemacht; du bist ja ganz grün im Gesicht?

JEAN. Ich habe hier gesessen und mit Fräulein Julie geplaudert.

CHRISTINE. Die weiß doch bei Gott nicht, was sich schickt.

Pause.

JEAN. Du, Christine, hör 'n mal!

CHRISTINE. Na?

JEAN. Es ist doch immerhin sonderbar, wenn man darüber nachdenkt!

CHRISTINE. Was ist denn an ihr so sonderbar?

JEAN. Alles.

Pause.

CHRISTINE *erblickt das Glas, welches halb geleert auf dem Tisch steht.* Habt ihr auch zusammen getrunken?

JEAN. Ja.

CHRISTINE. Pfui! Sieh mir in die Augen!

JEAN. Ja!

CHRISTINE. Ist es möglich? *Ist* es möglich?

JEAN *nach kurzem Bedenken.* Ja, es ist!

CHRISTINE. Gitsch! Das hätte ich doch niemals geglaubt. Nein, pfui! Pfui!

JEAN. Du bist doch wohl nicht eifersüchtig auf sie?

CHRISTINE. Nein, nicht auf sie! Wenn es Klara oder Sophie gewesen wäre, ja! Das arme Mädchen! Nein, weißt du was, ich will hier nicht länger im Hause bleiben, wenn man vor seiner Herrschaft keinen Respekt mehr haben kann.

JEAN. Warum soll man vor ihnen Respekt haben?

CHRISTINE. Ja, und das fragst du, der du so schlau bist? Aber willst du denn Leuten dienen, die sich so unanständig aufführen? Was? Man schändet sich selbst dabei, scheint mir.

JEAN. Ja, aber es ist doch ein Trost für uns, daß die andern nicht besser sind, als wir.

CHRISTINE. Nein, das finde ich nicht, denn wenn sie nicht besser sind, so hat es ja keinen Wert darnach zu streben, wie die besseren Leute zu werden. Und denke an den Grafen! Denke an ihn, der sein Leben lang soviel Kummer gehabt hat! Nein, ich will nicht länger in diesem Hause bleiben! Und mit so einem, wie du! Wenn es noch der Kronvogt gewesen wäre; wenn es ein besserer Mensch gewesen wäre.

JEAN. Was soll das heißen?

CHRISTINE. Ja, ja! Du bist ja auch ein ganz braver Kerl; aber es ist doch immerhin ein Unterschied zwischen Leuten und Leuten. – Nein, das kann ich niemals vergessen – das Fräulein, das so stolz war, so schroff gegen Männer, so daß man sich gar nicht denken konnte, sie würde sich je einem Manne hingeben – und dann so einem! Sie, die gleich die arme Diana totschießen lassen wollte, weil sie dem Hofhunde nachlief! Na, das muß ich sagen! Aber hier will ich nicht länger bleiben, und zum vierundzwanzigsten Oktober geh ich meines Wegs.

JEAN. Und dann?

CHRISTINE. Ja, da wir gerade davon reden, es wäre an der Zeit, daß du dich nach etwas anderem umsiehst, da wir uns doch verheiraten wollen.

JEAN. Ja, wonach sollte ich mich umsehen? Eine so gute Stelle kann ich nicht bekommen, wenn ich verheiratet bin.

CHRISTINE. Selbstverständlich nicht! Und du mußt wohl eine Portierstelle annehmen, oder sehen, als Diener an einem öffentlichen Institut Anstellung zu erhalten. Der Kronenkuchen ist knapp, aber sicher, und dann bekommen dort Frau und Kinder Pension –

JEAN *mit einer Grimasse.* Das ist zwar sehr nett, aber es paßt nicht mit meiner Manier, gleich im Anfang daran zu denken, für Frau und Kind zu sterben. Ich muß gestehen, daß ich wirklich etwas höhere Aussichten hatte.

CHRISTINE. Deine Aussichten, ja! Du hast aber auch Verpflichtungen! Denke nur an sie!

JEAN. Du sollst mich nicht damit ärgern, daß du von Verpflichtungen redest. Ich weiß wohl, was ich zu tun habe. *Er lauscht nach außen.* Darüber nachzudenken haben wir indessen noch gute Zeit. Geh nun hinein und mache dich fertig, dann gehen wir zur Kirche.

CHRISTINE. Wer wandert dort oben umher?

JEAN. Ich weiß nicht, ob es nicht Klara ist.

CHRISTINE *geht.* Das kann doch nicht etwa gar der Graf sein, der nach Hause gekommen ist, ohne daß ihn jemand gehört hat.

JEAN *ängstlich.* Der Graf? Nein, das glaube ich nicht, denn dann hätte er schon geklingelt.

CHRISTINE. Ja, weiß der liebe Gott! Niemals habe ich so etwas erlebt! *Ab nach rechts.*

Die Sonne ist inzwischen aufgegangen und beleuchtet draußen allmählich die Baumwipfel des Parks; der Schein rückt nach und nach tiefer, bis er schräg in die Fenster hineinfällt.

JEAN *geht zur Glastür und macht ein Zeichen.*

JULIE *kommt im Reiseanzug und mit einem kleinen Vogelbauer, das mit einem Handtuch bedeckt ist und stellt es auf einen Stuhl.* Nun bin ich fertig.

JEAN. Still! Christine ist wach!

JULIE *äußerst erregt während der folgenden Szene.* Ahnte sie etwas?

JEAN. Sie weiß nichts! Aber, mein Gott, wie sehen Sie aus?

JULIE. Wie? Wie ich aussehe?

JEAN. Sie sind blaß, wie eine Leiche und – verzeihen Sie, aber Sie sind schmutzig im Gesicht.

JULIE. So geben Sie mir Waschwasser! – So! *Sie geht zum Waschtisch und wäscht sich Gesicht und Hände.* Geben Sie mir ein Handtuch! Ach – die Sonne ist aufgegangen!

JEAN. Und dann flüchtet der Zauberkobold.

JULIE. Ja, heute Nacht ist wirklich ein Kobold in Tätigkeit gewesen! Aber Jean, höre mich! Komme mit mir, denn nun habe ich die Mittel.

JEAN *zögernd.* Genügend?

JULIE. Genug für den Anfang! Komm mit mir, denn ich kann heute nicht allein reisen. Denke, am Johannistage, in einem schwülen Zug, in eine Masse von Leuten hineingepfropft, die einen anglotzen; auf den Stationen warten, wenn man fliegen möchte. Nein, ich kann nicht, ich kann nicht! und dann kommen die Erinnerungen, die Kindheitserinnerungen an die Johannistage mit der laubgeschmückten Kirche – Birkenlaub und Flieder; das Mittagsmahl mit prachtvoll gedecktem Tisch, die Verwandten und Freunde; der Nachmittag im Park, Tanz, Musik, Blumen und Spiele. Ach, man flieht und flieht; aber im Gepäckwagen folgen die Erinnerungen, die Reue und die Gewissensqualen nach!

JEAN. Ich werde Sie begleiten! Aber dann fort, ehe es zu spät ist. Jetzt auf der Stelle!

JULIE. So machen Sie sich fertig! *Sie nimmt das Vogelbauer.*

JEAN. Aber keine Bagage! Dann sind wir verloren.

JULIE. Nein, nichts! Nur was man ins Coupé mitnehmen kann.

JEAN *hat einen Hut genommen.* Was haben Sie denn da? Was ist das?

JULIE. Das ist nur mein kleiner Zeisig! Den will ich nicht zurücklassen!

JEAN. Nanu? Sollen wir nun auch noch das Vogelbauer mitnehmen! Sie sind rein verrückt! Lassen Sie den Vogel da!

JULIE. Das Einzige, was ich von Hause mitnehme; das einzige lebende Wesen, das mich gern hat, seitdem mir Diana untreu geworden ist! Sei nicht grausam! Laß mich ihn mitnehmen!

JEAN. Lassen Sie ihn da, sage ich – und reden Sie nicht so laut. Christine kann uns hören!

JULIE. Nein, ich lasse ihn nicht in fremden Händen zurück! Töte ihn dann lieber!

JEAN. So geben Sie das kleine Ding denn her, ich werde ihm den Hals umdrehen!

JULIE. Ja, aber ihm nicht wehe tun! Nicht – nein, ich kann es nicht!

JEAN. Her damit, ich kann's!

JULIE *nimmt den Vogel aus dem Bauer und küßt ihn.* O mein Sennchen, sollst du durch deine eigne Herrin sterben?

JEAN. Seien Sie so gut und machen Sie jetzt keine Szenen; es gilt ja Ihr Leben, Ihre Wohlfahrt! So, schnell! *Er reißt ihr den Vogel aus der Hand, trägt ihn zum Hackblock und nimmt das Küchenmesser.*

JULIE *wendet sich ab.*

JEAN. Sie hätten Hühnchen schlachten lernen sollen, statt mit dem Revolver zu schießen, *haut zu* dann würden Sie nicht vor einem Blutstropfen ohnmächtig werden.

JULIE *schreit.* Töte auch mich! Töte mich! Wenn du ein unschuldiges Tier schlachten kannst, ohne daß dir die Hand bebt! O ich hasse und verabscheue dich. Zwischen uns steht Blut. Ich fluche der Stunde, da ich dich sah, ich fluche der Stunde, da ich geboren wurde!

JEAN. Ja, was hilft es, daß Sie fluchen! Gehen wir!

JULIE *nähert sich dem Hackblock, gleichsam gegen ihren Willen hingezogen.* Nein, ich will noch nicht gehen; ich kann nicht – ich muß sehen – still! draußen fährt ein Wagen. *Sie lauscht, während sie die Augen starr auf den Hackblock und das Messer geheftet hält.* Glaubst du, ich kann kein Blut sehen? Glaubst du, ich bin so schwach – o – ich möchte dein Blut sehen und dein Hirn auf dem Holzblock. Ich möchte dein ganzes Geschlecht in einem See, wie der da, schwimmen sehen. Ich glaube, ich könnte aus deiner Hirnschale trinken, ich könnte meine Füße in deinem Brustkorb baden und dein Herz gebraten essen! Du glaubst, ich bin schwach; du glaubst, ich liebe dich; du glaubst, ich will deine Brut unter meinem Herzen tragen und mit meinem Blute nähren – dein Kind gebären und deinen Namen annehmen! Höre du, wie heißest du? Ich habe niemals deinen Zunamen gehört – du hast wohl gar keinen, glaube ich. Ich wollte Frau »Hofwächter«, oder »Madame Kehrichtfeger« werden – du Hund, der mein Halsband, du Knecht, der mein Wappen auf den Knöpfen trägt – ich sollte mit meiner Köchin teilen, mit meiner Dienstmagd rivalisieren. O! o! o! Du glaubst, ich sei feig und wollte flüchten! Nein, nun bleibe ich – und dann möge das Unwetter heraufziehen! Mein Vater kommt heim – er findet seinen Sekretär erbrochen, sein Geld gestohlen! Dann klingelt er – mit der Glocke – zweimal nach dem Bedienten – und dann schickt er nach dem Schulzen – und dann werde ich alles erzählen. Alles! O es ist schön, ein Ende damit zu machen – wenn es nur ein Ende nehmen wollte! – Und dann bekommt er den Schlagfluß und stirbt. – – Und dann hat die ganze Geschichte ein Ende – und es tritt Frieden und Ruhe ein! – Ewige

Ruhe! – – Und dann wird das Wappen über dem Sarge zerbrochen
– das Grafengeschlecht ist ausgestorben – und der Dienersprößling
wächst in einem Waisenhaus heran – gewinnt seine Lorbeeren im
Rinnstein und endet in einem Gefängnis!

CHRISTINE *zum Kirchgang gekleidet, das Gesangbuch in der Hand,
kommt von rechts.*

JULIE *eilt auf sie zu und fällt ihr in die Arme, als wollte sie Schutz bei
ihr suchen.* Hilf mir Christine! Hilf mir gegen diesen Mann!

CHRISTINE *unbeweglich und kalt.* Was ist denn das nun für Spektakel
am Feiertagsmorgen. *Sie sieht nach dem Hackblock.* Und was für
Schmutzerei Sie hier gemacht haben! – Was soll das alles bedeuten?
Und wie Sie schreien und skandalieren!

JULIE. Christine! Du bist ein Weib und meine Freundin! Hüte dich
vor diesem Schuft!

JEAN *ein wenig scheu und verlegen.* Wenn die Damen räsonnieren,
gehe ich hinaus und rasiere mich. *Er schleicht sich nach rechts hinweg.*

JULIE. Du wirst mich verstehen; und du sollst mich anhören!

CHRISTINE. Nein, ich verstehe mich wirklich nicht auf solche Wipp-
chen! Wo wollen Sie denn in Ihrem Reiseanzug hin? – Und er hat
auch den Hut auf? – Was? Was?

JULIE. Höre mich an, Christine; höre mich an, dann werde ich dir alles
erzählen.

CHRISTINE. Ich will nichts wissen!

JULIE. Du mußt mich hören!

CHRISTINE. Was denn? Von den Dummheiten mit Jean! Ja, sehen
Sie, darum kümmere ich mich absolut nicht, denn da mische ich
mich nicht hinein. Aber denken Sie ihn zum Durchbrennen zu ver-
locken, dann werden wir Ihnen schon den Weg versperren!

JULIE *äußerst erregt.* Versuche ruhig zu sein, Christine! und höre mich
an! Ich kann nicht hier bleiben, und Jean kann nicht hier bleiben –
wir müssen also reisen!

CHRISTINE. Hm, hm! –

JULIE *mit plötzlichem Einfall.* Aber siehst du, nun bekomme ich eine
Idee – wenn wir alle drei reisten – ins Ausland – nach der Schweiz
und zusammen ein Hotel errichteten. Ich habe Geld, *sie zeigt es* siehst
du – und Jean und ich werden dem Ganzen vorstehen – und du,
hatte ich mir gedacht, übernimmst die Küche. Ist das nicht nett! Sage

nun ja und komm mit uns, dann ist alles arrangiert. Sage doch ja!
Sie umarmt Christine und klopft sie zärtlich.

CHRISTINE *kalt und nachdenklich.* Hm! Hm!

JULIE *schneller.* Du bist niemals draußen gewesen und gereist, Christine
– du sollst hinaus und dich in der Welt umsehen. Du kannst gar
nicht glauben, wie unterhaltend es ist, auf der Eisenbahn zu fahren
– unaufhörlich neue Menschen – neue Länder – und dann kommen
wir nach Hamburg und besehen uns auf der Durchfahrt den zoolo-
gischen Garten – was hältst du davon? Und dann gehen wir ins
Theater und hören die Oper – und wenn wir nach München kommen, da haben wir die Museen, und da sind Rubens und Raphaels
– Bilder von den beiden großen Malern, weißt du. Du hast ja von
München, wo der König Ludwig wohnte, reden gehört – der König,
weißt du, welcher wahnsinnig wurde – und dann werden wir seine
Schlösser besehen – er hat Schlösser, die ganz wie in den Märchen
eingerichtet sind – und von da ist es nicht mehr weit bis zur Schweiz
– mit den Alpen, du – denke die Alpen mit Schnee darauf mitten
im Sommer – und dort wachsen Apfelsinen und Lorbeerbäume, die
das ganze Jahr grün sind –

JEAN *erscheint von rechts, sein Rasiermesser auf einem Riemen strei-
chend, den er mit den Zähnen und der linken Hand festhält; er lauscht
vergnügt dem Gespräch und nickt hie und da Beifall.*

JULIE *äußerst schnell.* Und dann übernehmen wir ein Hotel – und ich
sitze an der Kasse, während Jean steht und die Gäste empfängt –
ausgeht und handelt – Briefe schreibt – Das wird ein Leben, kannst
du mir glauben – dann pfeift der Zug, dann kommt der Omnibus,
dann klingelt es im Hause, dann klingelt es in der Restauration –
und dann schreibe ich die Rechnungen aus – und ich werde sie
pfeffern. – Du kannst dir gar nicht denken, wie schüchtern die Rei-
senden sind, wenn sie ihre Rechnung bezahlen sollen! Und du – du
sitzest als Herrin in der Küche. Du sollst natürlich nicht selbst am
Herd stehen – und du darfst fein und hübsch gekleidet gehen, wenn
du dich vor Leuten zeigen sollst – und du mit deinem Aussehen –
ja, ich schmeichle dir nicht – du kannst dir schon eines schönen
Tags einen Mann ergattern! einen reichen Engländer, siehst du – die
Leute sind so leicht *sie fängt an langsamer zu sprechen* zu fangen–
– und dann werden wir reich – und bauen uns eine Villa am Comersee – freilich regnet es dort bisweilen – aber *mit immer schlafferem*

Ton die Sonne wird wohl auch manchmal scheinen – wenn es auch trüb aussieht – und – dann – dann können wir ja auch wieder heimreisen – und zurückkommen *Pause* – hierher – oder irgendwo anders hin – –

CHRISTINE. Hören Sie, Fräulein! Glauben Sie selbst daran?

JULIE *vernichtet.* Ob ich selbst daran glaube?

CHRISTINE. Ja!

JULIE *müde.* Ich weiß nicht; ich glaube überhaupt an nichts mehr. *Sie sinkt auf die Bank nieder und legt den Kopf zwischen die Arme auf den Tisch.* An nichts! An gar nichts!

CHRISTINE *wendet sich nach links, wo Jean steht.* So, du dachtest also daran, durchzubrennen!

JEAN *beschämt, legt das Rasiermesser auf den Tisch.* Durchbrennen? Das ist nun zu viel gesagt! Du hörtest ja das Projekt des Fräuleins, und obgleich sie nun nach der durchwachten Nacht müde ist, kann das Projekt wohl ausgeführt werden!

CHRISTINE. Hör' 'n mal! War es deine Meinung, daß ich bei der da Köchin werden sollte –

JEAN *scharf.* Sei so gut und bediene dich einer feineren Ausdrucksweise, wenn du von deiner Herrin sprichst! Verstehst du!

CHRISTINE. Herrin?

JEAN. Ja!

CHRISTINE. Nein, hört doch! hört doch einmal den!

JEAN. Ja, hör' du! das kann dir sehr dienlich sein, und schwatze etwas weniger! Fräulein Julie ist deine Herrin und wegen derselben Sache, deretwegen du sie jetzt verachtest, dürftest du dich selbst verachten.

CHRISTINE. Ich habe immer so viel Achtung für mich selbst gehabt –

JEAN. Daß du andere verachten kannst?

CHRISTINE. Daß ich mich niemals unter meinem Stand fortgeworfen habe. Komm doch und sage, die gräfliche Köchin habe etwas mit dem Viehknecht, oder dem Schweinehirten zu tun gehabt! Komm und sage das!

JEAN. Ja, du hast mit einem feinen Kerl zu tun gehabt, das ist ein Glück für dich!

CHRISTINE. Ja, ein feiner Kerl, der dem Grafen den Hafer aus dem Stall verkauft –

JEAN. Davon willst du reden, die Prozente beim Gewürzkrämer bekommt und sich vom Schlächter bestechen läßt!

CHRISTINE. Wie?

JEAN. Und du kannst nicht mehr Respekt vor deiner Herrschaft haben! Du, du, du!

CHRISTINE. Komm jetzt mit zur Kirche! Nach deinen Taten kann dir eine gute Predigt sehr dienlich sein!

JEAN. Nein, ich gehe heute nicht in die Kirche; du kannst allein gehen und deine Sünden beichten.

CHRISTINE. Ja, das werde ich auch, und ich werde mit Vergebung heimkehren, auch gleich noch für dich! Der Erlöser hat gelitten und ist am Kreuz gestorben für alle unsere Sünden, und wenn wir ihm mit Glauben und bußfertigem Sinn entgegentreten, dann nimmt er all' unsere Schuld auf sich.

JULIE. Glaubst du das, Christine?

CHRISTINE. Das ist mein lebendiger Glaube, so wahr ich hier stehe, und das ist mein Kinderglaube, den ich mir von Jugend auf bewahrt habe, Fräulein Julie. Und wo die Sünde überfließt, fließt auch die Gnade über!

JULIE. Ach, wenn ich deinen Glauben hätte! Ach wenn –

CHRISTINE. Ja, sehen Sie, den kann man nicht bekommen –

JULIE. Wer bekommt ihn denn?

CHRISTINE. Das ist das große Geheimnis der Gnadentat, sehen Sie, Fräulein, und Gott hat kein Ansehen der Person, sondern die Ersten sollen die Letzten sein.

JULIE. Ja, dann hat er ja ein Ansehen der Person bei den Letzten –

CHRISTINE *fährt fort.* Und es ist leichter, daß ein Kameel durch ein Nadelöhr gehe, denn daß ein Reicher ins Himmelreich komme! Sehen Sie, so ist es, Fräulein Julie! Nun gehe ich indessen – allein, und im Vorbeigehen werde ich dem Stallknecht sagen, daß er keine Pferde herausgibt, im Falle jemand reisen wollte, bevor der Graf nach Hause kommt! Adieu! *Ab durch die Glastür.*

JEAN. So ein Teufel! Und all' das um eines Zeisigs willen!

JULIE *schlaff.* Lassen Sie den Zeisig beiseite! Sehen Sie einen Ausweg hieraus, ein Ende für dieses?

JEAN *grübelt.* Nein!

JULIE. Was würden Sie an meiner Stelle tun?

JEAN. An Ihrer? Warten Sie ein wenig? Als hochgeboren, als Weib –
als Gefallene? – Ich weiß nicht– ja! nun weiß ich!

JULIE *nimmt das Rasiermesser und macht eine Bewegung.* So?

JEAN. Ja! Aber ich würde es nicht tun – beachten Sie das wohl! denn
das ist der Unterschied zwischen uns.

JULIE. Weil Sie ein Mann sind und ich ein Weib? Was ist dabei für
ein Unterschied?

JEAN. Derselbe Unterschied – wie – zwischen Mann und Weib!

JULIE *mit dem Messer in der Hand.* Ich will es, aber ich kann es nicht!
Mein Vater konnte es auch nicht, damals, als er es hätte tun sollen.

JEAN. Nein, er hätte es nicht tun sollen! Er mußte sich erst rächen!

JULIE. Und nun rächt sich meine Mutter wieder durch mich!

JEAN. Haben Sie Ihren Vater nicht geliebt, Fräulein Julie?

JULIE. Ja, grenzenlos, aber ich habe ihn sicher auch gehaßt! Ich muß
es getan haben, ohne es selbst zu bemerken. Aber er hat mich selbst
zur Verachtung meines eigenen Geschlechtes herangezogen, zum
Halbweib und Halbmann. Wer hat die Schuld an dem, was geschehen
ist? Mein Vater, meine Mutter, ich selbst! Ich selbst? Ich habe ja kein
Selbst! Ich habe nicht einen Gedanken, den ich nicht von meinem
Vater, nicht eine Leidenschaft, die ich nicht von meiner Mutter bekommen hätte, und das Letzte – daß alle Menschen gleich seien –
bekam ich von meinem Verlobten, den ich darum einen Schuft
nenne! Wie kann es aber mein eignes Vergehen sein? Die Schuld auf
Jesus schieben, wie es Christine macht – nein, dazu bin ich zu stolz
und zu klug – dank den Lehren meines Vaters. Und daß ein Reicher
nicht ins Himmelreich kommen könne, das ist Lüge, und Christine,
die Geld auf der Sparkasse hat, kommt zum Mindesten nicht hinein!
Wer hat die Schuld an dem Vergehen? Was geht es uns an, wer sie
hat! Bin ich es doch, der die Schuld und die Folgen tragen muß.

JEAN. Ja aber –

Es klingelt laut zweimal hintereinander.

JULIE *fährt auf.*

JEAN *wechselt rasch links den Rock.* Der Graf ist zu Hause! Denken
Sie, wenn Christine – *Er geht nach hinten ans Sprachrohr, klopft an
und lauscht.*

JULIE. Nun ist er schon am Sekretär gewesen?

JEAN. Es ist Jean, Herr Graf! *Er lauscht; man hört nicht, was der Graf spricht.* Ja, Herr Graf. *Er lauscht.* Ja, Herr Graf! Sogleich. *Er lauscht.* Sehr wohl, Herr Graf! *Er lauscht.* Ja! In einer halben Stunde.

JULIE *äußerst ängstlich.* Was sagte er? Herr Jesus, was sagte er?

JEAN. Er verlangte seine Stiefel und seinen Kaffee in einer halben Stunde.

JULIE. Also in einer halben Stunde! O ich bin so müde; ich vermag nichts, ich vermag nicht zu bereuen, nicht zu fliehen, nicht zu bleiben, nicht zu leben, nicht zu sterben! Helfen Sie mir nun! Befehlen Sie mir, und ich werde gehorchen, wie ein Hund! Leisten Sie mir den letzten Dienst, retten Sie meine Ehre, retten Sie meinen Namen! Sie wissen, was ich wollen *sollte*, aber nicht will. Wollen Sie es und befehlen Sie mir, es zu vollbringen!

JEAN. Ich weiß nicht – aber nun kann ich auch nicht – ich begreife es selbst nicht. Es ist gerade, als wenn der Rock hier bewirkte, daß ich Ihnen nichts befehlen kann – und nun, seitdem der Graf zu mir gesprochen hat – ich kann es nicht recht erklären – aber – ah, es ist der Lakai, der mir im Rücken sitzt! Ich glaube, wenn der Graf jetzt käme und mir befehlen würde, ich sollte mir den Hals abschneiden, so würde ich es auf der Stelle tun.

JULIE. Tun Sie also, als wären Sie er, und ich Sie! Sie konnten sich ja vor kurzem so gut verstellen, als Sie vor mir auf den Knieen lagen – da waren Sie ein Ritter – oder sind Sie niemals im Theater gewesen und haben den Magnetiseur gesehn?

JEAN *macht eine bejahende Gebärde.*

JULIE. Er sagt zu dem Medium: nimm den Besen; es nimmt ihn; er sagt: fege; und es fegt –

JEAN. Dann müßte der andere ja schlafen.

JULIE *exaltiert.* Ich schlafe bereits – der ganze Raum steht mir wie voller Rauch vor Augen – und Sie sehen wie ein eiserner Ofen aus – der einem schwarzgekleideten Mann mit Zylinder gleicht – und Ihre Augen leuchten wie Kohlen, wenn das Feuer ausgeht – und Ihr Gesicht ist ein weißer Fleck wie Flugasche.

Das Sonnenlicht hat nun den Boden erreicht und strömt über Jean hin.

JULIE. Es ist so warm und schön – *sie reibt sich die Hände, als wenn sie sie an einem Feuer wärmte* und dann so hell – und so still!

JEAN *nimmt das Rasiermesser und gibt es ihr in die Hand.* Da ist der Besen! Geh nun, da es hell ist, hinaus in die Scheune – und – *er flüstert ihr etwas ins Ohr.*

JULIE *wach.* Danke! Nun gehe ich zur Ruhe! Aber sagen Sie mir jetzt noch, daß auch die Ersten der Gnade teilhaftig werden können. Sagen Sie es, wenn Sie es auch nicht glauben.

JEAN. Die Ersten? Nein, das kann ich nicht! Aber warten Sie, Fräulein Julie – nun weiß ich! Sie gehören ja nicht mehr zu den Ersten – denn Sie sind unter den Letzten!

JULIE. Das ist wahr! – Ich bin unter den Allerletzten; ich bin die Letzte! O – Aber nun kann ich nicht gehen – Sagen Sie noch einmal, daß ich gehen soll!

JEAN. Nein, jetzt kann ich es auch nicht mehr! Ich kann nicht!

JULIE. Und die Ersten sollen die Letzten sein!

JEAN. Denken Sie nicht! Denken Sie nicht! Sie rauben auch mir alle Kraft, sodaß ich feig werde! Was! Ich glaube, die Glocke bewegte sich! Nein! – Sollen wir Papier hineinstecken! – So bang vor dem Ton einer Glocke zu sein! – Ja, aber das ist nicht nur eine Glocke – es sitzt jemand dahinter – eine Hand setzt sie in Bewegung – und etwas anderes setzt die Hand in Bewegung – aber halten Sie sich nur die Ohren zu! Ja, dann klingelt es noch schlimmer! klingelt, bis man Antwort gibt – und dann ist es zu spät! und dann kommt der Schulze – und dann –

Es wird zweimal stark geläutet.

JEAN *fährt zusammen; dann richtet er sich auf.* Es ist entsetzlich! Aber es gibt keinen andern Ausweg! – – – Gehen Sie! –

JULIE *geht festen Schrittes zur Türe hinaus.*

Ende.

Biographie

1849 *22. Januar:* Johann August Strindberg wird als viertes von insgesamt elf Kindern in Stockholm geboren. Er ist das erste eheliche Kind. Sein Vater ist der Kolonialwarenhändler und Dampfschiffkommissionär Carl Oskar Strindberg. Er gehört dem Mittelstand an. Ein späterer Konkurs stürzt die Familie in eine vorübergehende Krise. Die Mutter ist eine Schneiderstochter und vor der Eheschließung Kellnerin und Magd. Durch die mütterliche Linie stammt August Strindberg von deutschen Vorfahren, nach Schweden eingewanderten Handwerkern ab. Im Hause Strindberg herrscht patriarchalische Strenge. Dabei ist der Vater dem kulturellen Leben sehr aufgeschlossen. August Strindberg leidet unter dem Unverständnis des Vaters, der dessen Phantasieerlebnisse und ambivalent gerichtete Gefühlswelt nicht versteht. Gegenüber solcher Abwehr sucht der Knabe Liebe bei der Mutter, scheitert aber auch damit. Die erlebten Kümmernisse des hochsensiblen Jungen bilden die Basis für die hohe Empfindsamkeit des späteren großen Dichters.

1856 August Strindberg kommt in die Klara-Schule, danach in die Jakobsschule und in eine Privatschule.

1862 Als August Strindberg dreizehn Jahre alt ist, stirbt die Mutter an Lungentuberkulose. Carl Oskar Strindberg heiratet nun die Haushälterin, was zu schweren Zerwürfnissen zwischen August Strindberg und dem Vater führt.

1865 Schon vor dem Abitur nimmt August Strindberg eine Hauslehrerstelle auf einem Gutshof in Sotaskär an.
In diese Zeit fällt auch seine erste Predigt, die er auf Bitten des Ortsgeistlichen mit Erfolg vor der kleinen Gemeinde hält. Hier bricht auch die neu erworbene, religiöse Position durch: Vom Pietismus in der Prägung eines Carl Olof Rosenius zur religiös-liberalen Anschauung mit pantheistischen Zügen.

1867 *25. Mai:* August Strindberg macht das Abitur und beginnt in Uppsala Medizin, aber auch Literaturwissenschaft zu studieren.

1868 *Frühjahr:* Er bricht erst einmal das Studium ab und wird stellvertretender Volksschullehrer in Stockholm.
Herbst: Er wird Hauslehrer bei Axel Lamm.

1869 *Frühjahr:* Danach versucht er sich weiter im Medizinstudium, unterbricht es aber erneut, um sich als Schauspielaspirant am Dramatischen Theater in Stockholm zu bewerben.
August Strindberg will sich das Leben nehmen.
Anfang November: Er schreibt nun im Bewußtsein, daß er nicht zum Schauspieler, aber zum Dramatiker geboren sei, seinen ersten Zweiakter, »Eine Namentagsgabe«. Das Stück wird vom Intendanten des Dramatischen Theaters abgelehnt. Es ist heute verschollen.
August Strindberg macht sich nun daran, noch im selben Jahr ein neues Stück, ein Familiendrama zu schreiben: »Fritänkaren« (»Der Freidenker«, 1869). Auch dieses Stück wird abgelehnt.
August Strindberg berührt sich mit Sören Kierkegaards Kritik am Gewohnheitschristentum.
August Strindberg schreibt noch weitere Stücke: »Hermione«, ein historisches Schauspiel in drei Akten. Es wird später neu gefaßt. Begonnen wird außerdem ein Jesus-Drama in Versen.

1870 Es folgt der Dramenentwurf »Erik XIV.«, der in fünf Akten geplant wird. August Strindberg verbrennt es.
August Strindberg kehrt abermals an die Universität in Uppsala zurück und gründet die literarische Gesellschaft »Runa«, wo regelmäßig literarische, philosophische und religiöse Probleme diskutiert werden.
Ende März: August Strindberg schreibt den Einakter »In Rom« in Versen.
13. September: Die Uraufführung dieses auf den dänischen Bildhauer Bertil Thorwaldsen bezogenen Stückes findet am Dramatischen Theater in Stockholm statt. Das kleine Drama wird elfmal gespielt.
September: Gleichzeitig beginnt August Strindberg ein neues, historisches Drama in fünf Akten zu schreiben mit dem Titel »Blot-Sven«. Nach wenigen Wochen wird er über diese Arbeit so unmutig, dass er das vorliegende Drama verbrennt.

1871 *Anfang des Jahres:* Das Stück »Blot-Sven« wird in vierzehn Tagen zum Einakter »Den fredlöse« umgeformt.
16. Oktober: Das Drama mit dem deutschen Titel »Der Geäch-tete« wird am Dramatischen Theater in Stockholm uraufgeführt und bringt August Strindberg ein Stipendium durch König Karl

XV. ein.

August Strindberg zieht sich auf die Schäreninsel Kymmendö zurück, um sich mit einigen Freunden zu erholen.

1872 *März:* Er gibt endgültig sein Studium und sein Ziel zu promovieren auf und kehrt nach Stockholm zurück. Er schreibt nun als Rezensent für verschiedene Zeitungen, vor allem über kulturelle Probleme und tagespolitische Fragen. Er muß Gelegenheitsarbeiten übernehmen.

8. August: Die Prosafassung von »Mäster Olof« (»Meister Olof«) wird abgeschlossen.

1874 *Herbst:* Es geht August Strindberg finanziell besser, da er Assistent an der Königlichen Bibliothek in Stockholm wird. Um sich aber abzusichern gibt er noch Privatstunden. Außerdem übersetzt er und schreibt weiter an Zeitschriftenartikeln. Intensiv vertieft er sich zu dieser Zeit in die chinesische Kultur und Sprache.

1875 Er begegnet Siri von Essen, seiner späteren Frau.

1876 *Mai:* Der Stoff von »Mäster Olof« wird in Versform gesetzt.

August Strindberg reist über Norwegen nach Frankreich.

1877 *30. Dezember:* Die Hochzeit mit Siri von Essen wird gefeiert.

1879 »Röda rummet« (»Das rote Zimmer«) erscheint. Dieser kritische Roman macht Strindberg auf einen Schlag bekannt.

1880 Die Tochter Karin wird geboren.

1881 Die zweite Tochter Greta folgt. Die Kritik an August Strindbergs Roman wird in Schweden so stark, dass sich der Dichter gezwungen fühlt, aus Schweden zu fliehen.

1883 Er reist nach Frankreich.

Seine Gedichte werden gedruckt.

1884 Die Familie siedelt in die Schweiz über, wo der Sohn Hans geboren wird.

Die berühmten Ehegeschichten »Giftas« I (»Heiraten« I) erscheinen.

Die Kritik an der damaligen Abendmahlsfeier bringt August Strindberg eine Anklage wegen Gotteslästerung ein. Er wird freigesprochen. Der Prozeß erregt großes Aufsehen.

1886 Strindberg befindet sich auf Reisen und bereitet seinen ersten großen Entwicklungsroman, den ersten Teil auch der eigenen Biographie vor. Seine Lebensgeschichte als »Tjänstequinnans

son« (»Der Sohn der Magd«) mit dem Untertitel »En själs ut-
vecklingshistoria« (»Die Entwicklung einer Seele«) behandelt
die Jahre 1849–1867.

Der Schritt zum naturalistischen Meisterdrama »Fadren« (»Der
Vater«, 1887) ist somit getan.

August Strindberg beschäftigt sich eingehend mit der Suggesti-
onspsychologie.

Die Enttäuschung nach der Kritik an dem Erzählband »Giftas«
(»Heiraten«, 1884) führen Strindberg, der sich in diesem Band
für die Gleichberechtigung der Frau ausspricht, nun zur Gegen-
position. Er kritisiert jetzt die Frauenemanzipation.

1887   August Strindberg mit seiner Frau und den drei Kindern siedeln
von der Schweiz nach Dänemark über.

August Strindberg schreibt den Roman »Hemsöboerne« (»Die
Leute vom Hemsö«).

1888   Im zweiten naturalistischen Drama »Fröken Julie« (»Fräulein
Julie«, 1888), kurz nach dem »Vater«-Stück geschrieben, spielt
in das Psychodrama die Klassenkritik hinein. Eigene Erlebnisse
August Strindbergs in »Skovlyst« nahe Kopenhagen beeinflußen
die Dramenkonzeption.

Von 1888 bis 1892 folgen zusammen mit »Fräulein Julie« elf
Einakter, die zum Teil die Erlebnisse des Dichters widerspiegeln.
Mehrere dieser Schauspiele werden nicht in Schweden, sondern
in Berlin uraufgeführt.

1889   *9. März:* Um die Jahreswende, also noch in Dänemark, entsteht
der Einakter »Den starkere« (»Die Stärkere«, uraufgeführt in
Kopenhagen.

14. März: Das Drama wird in einer geschlossenen Vorstellung
des Studentenvereins in Kopenhagen uraufgeführt. Die Titelrolle
wird von August Strindbergs Frau Siri von Essen gespielt. Die
geschlossene Vorstellung ist nötig, da das Stück der Zensur
unterliegt.

Frühjahr: August Strindberg kehrt nach Schweden zurück.

1890   Er veröffentlicht den bedeutenden Roman »I havsbandet« (»Am
offenen Meer«).

Nach einer französischen Fassung erscheint auch der autobio-
graphische Roman »En Dåres Försvårstal« (»Die Beichte eines
Toren«).

1891	*Januar:* Endlich nach großen Schwierigkeiten wird die Ehe mit Siri von Essen vor dem Gerichtshof von Värmdo geschieden. August Strindberg leidet besonders darunter, daß die drei Kinder Karin, Greta und Hans bei der Mutter bleiben.
1892	Strindberg unterhält einen intensiven Briefwechsel mit Émile Zola.

1892 Strindberg unterhält einen intensiven Briefwechsel mit Émile Zola.

Im Einakter »Debet och kredit« (»Debet und Kredit«) sind Erinnerungen August Strindbergs an die entsetzliche Armut eingegangen.

Das Stück »Die Himmelrikets nycklar« (»Die Schlüssel zum Himmelreich« erscheint.

Auch in dem Stück »Inför Döden« (»Vor dem Tode«) verarbeitet Strindberg sein Gefühl der totalen Vereinsamung.

September: Er reist nach Deutschland und lebt zuerst als Gast von Ola Hansen und seiner Frau in Friedrichshagen bei Berlin. Hier verkehrt er mit Wilhelm Bölsche, Max Halbe und Bruno Wille.

Ende des Jahres: August Strindberg zieht nach Zerwürfnissen mit seinen Gastgebern in die Innenstadt von Berlin.

1893 *Januar:* August Strindberg lernt die Tochter des Herausgebers der Wiener Zeitung Frida Uhl kennen.

2. Mai: Er lässt sich mit Frida Uhl auf Helgoland trauen. Danach folgen Aufenthalte in England, in Österreich und schließlich in Frankreich.

Nur sieben Ehewochen sind August Strindberg und Frida Uhl in London zusammen. Dann fährt Strindberg nach Rügen, um sich dort mit einigen Bekannten aus der Berliner Zeit zu treffen.

Ende Juli: Die Einladung durch Fridas Mutter Marie Uhl, in das Sommerhaus der Familie an den Mondsee zu kommen, nimmt Strindberg an.

11. August: Strindberg bricht vom Mondsee auf.

Die beiden Eheleute treffen sich nun in Berlin zur Aussprache.

November: Das Paar reist auf Einladung der Großeltern Fridas nach Dornach in der Nähe von Amstetten/Donau. Das Leben und Verhalten dieser Großeltern veranlaßt August Strindberg später, diese in »Advent« zu kopieren.

»Inför döden« (»Vor dem Tode«, 1892) wird zusammen mit »Gläubiger« und »Första varningen« (»Die erste Warnung«,

1892) am Residenztheater uraufgeführt.

1894 In Dornach malt August Strindberg und erlebt, wie im Frühling die deutsche Übersetzung seines naturwissenschaftlichen Buches »Antibarbarus« erscheint.

10. Mai: Die Tochter Kerstin wird geboren. Das Ehepaar trennt sich. Später wird die Ehe in Wien geschieden.

In Paris geht nun August Strindberg naturwissenschaftlichen und alchimistischen Studien nach. Er experimentiert mit Schwefelverbindungen, hat Wahnvorstellungen und Verfolgungsängste.

1898 Nach einigen Reisen entsteht im Hotel Londres in Paris der erste Teil von »Till Damaskus«. »Till Damaskus I« (»Nach Damskus I«) eröffnet die große Dramentrilogie von August Strindberg nach der Überwindung der »Infernokrise«. Der zweite Teil des großen Dramas wird ebenfalls 1898 vollendet. Der dritte Teil folgt erst 1901.

Am Ende des Pariser Aufenthaltes, während des Prozesses der inneren und äußeren Genesung, beschäftigt sich der Dichter mit den Schriften von Emanuel Swedenborg.

1899 *20. Juni:* August Strindberg verläßt Lund, wo er sich nach dem Pariser Aufenthalt ein ganzes Jahr aufhält, um endlich nach Stockholm zu ziehen. Zuerst wohnt er in Furusund innerhalb der Stockholmer Schärenlandschaft. Schon in Lund schreibt er bis zum Umzug zwei große historische Dramen »Folkungersage« (abgeschlossen 20. April 1899) und »Gustav Vasa« (abgeschlossen Mitte Juni 1899).

13. Oktober: August Strindberg zieht in den Narvavägen, danach in die Banérgata 13.

1900 »Advent«, »Ostern« und »Midsommar« (»Mittsommer«) werden auch als die »Jahresfestspiele« bezeichnet.

1901 Mit »Nach Damaskus« und dem dann – nach der endgültigen Rückkehr – in Stockholm geschriebenen »Ett drömspel« (»Ein Traumspiel«) erreicht Strindberg eine Neuorientierung des Theaters.

Er schreibt die beiden Märchenspiele »Kronbruden« (»Die Kronbraut«) und »Svanevit« (»Schwanenweiß«). Ebenfalls schreibt er das historische Drama über den schwedischen Freiheitshelden »Engelbrekt« und das Schauspiel »Kristina«.

1902	*11. März:* Das Stück »Bandet« (»Das Band«, 1892) wird am Kleinen Theater in Berlin unter der Regie von Max Reinhardt uraufgeführt.

1904 Nach der Scheidung von seiner dritten Frau folgen Prosaarbeiten. Herausragend sind neben »Götiska rummen« (»Die gotischen Zimmer«), die »Historiska Miniatyrer« (»Die historischen Miniaturen«, 1905).

Die äußere Trennung von Harriet Bosse bedeutet für Strindberg eine tiefe Bindung durch die Vorstellung, dass es ein telepathisches Zusammensein mit ihr gebe. Das Tagebuch zeigt, wie sehr Strindberg nach der »Infernokrise« im Okkultismus lebt.

1906 Der Dichter beginnt am berühmten »Blaubuch« zu arbeiten. Es erscheinen vier Bände. So unterschiedliche Betrachtungen wie »Ein religiöses Theater«, »Der Fremdling Zola« finden sich in den Essays.

1907 *Januar/Februar:* Er schreibt das Kammerspiel »Oväder« (»Wetterleuchten«).

Die Stücke »Die Brandstätte« und »Spöksonaten« (»Gespenstersonate« werden aufgeführt.

Briefwechsel mit Nietzsche.

Veröffentlichung des letzten Romans, »Svarta fanor« (»Schwarze Fahnen«).

November: Eröffnung des eigenen »Intimen Theaters« zusammen mit dem jungen Schauspieler August Falck.

März: Ein weiteres Stück »Den blödande handen« (»Die blutende Hand«) wird durch den Autor selbst verbrannt.

April: Das Drama »Toteninsel«, durch A. Böcklins berühmtes Bildmotiv geprägt, bleibt Fragment.

Juni: Das vierte Kammerspiel wird beendet,

26. November: Zur Eröffnung des Intimen Theaters wird das vierte Kammerspiel uraufgeführt.

1908 August Strindberg zieht in den berühmten »Blauen Turm«.

1909 Auch sein letztes großes Drama »Stora landsvägen« (»Die große Landstraße«) ist ein »Stationendrama«.

Aufführungen der sogenannten Regentendramen.

22. Januar: Das erste von diesen drei geschichtlichen Stücken »Siste riddaren« (»Der letzte Ritter«) wird uraufgeführt.

1912 *14. Mai:* Strindberg stirbt in Stockholm an Magenkrebs. Am

19. Mai 1912 wird Schwedens Dichter auf dem Neuen Friedhof von Stockholm zu Grabe getragen.

Erzählungen aus dem Biedermeier

Biedermeier - das klingt in heutigen Ohren nach langweiligem Spießertum, nach geschmacklosen rosa Teetässchen in Wohnzimmern, die aussehen wie Puppenstuben und in denen es irgendwie nach »Omma« riecht.

Zu Recht. Aber nicht nur.

Biedermeier ist auch die Zeit einer zarten Literatur der Flucht ins Idyll, des Rückzuges ins private Glück und der Tugenden. Die Menschen im Europa nach Napoleon hatten die Nase voll von großen neuen Ideen, das aufstrebende Bürgertum forderte und entwickelte eine eigene Kunst und Kultur für sich, die unabhängig von feudaler Großmannssucht bestehen sollte.

Georg Büchner Lenz **Karl Gutzkow** Wally, die Zweiflerin **Annette von Droste-Hülshoff** Die Judenbuche **Friedrich Hebbel** Matteo **Jeremias Gotthelf** Elsi, die seltsame Magd **Georg Weerth** Fragment eines Romans **Franz Grillparzer** Der arme Spielmann **Eduard Mörike** Mozart auf der Reise nach Prag **Berthold Auerbach** Der Viereckig oder die amerikanische Kiste

ISBN 978-3-8430-1884-5, 444 Seiten, 29,80 €

Erzählungen aus dem Biedermeier II

Annette von Droste-Hülshoff Ledwina **Franz Grillparzer** Das Kloster bei Sendomir **Friedrich Hebbel** Schnock **Eduard Mörike** Der Schatz **Georg Weerth** Leben und Taten des berühmten Ritters Schnapphahnski **Jeremias Gotthelf** Das Erdbeerimareili **Berthold Auerbach** Lucifer

ISBN 978-3-8430-1885-2, 440 Seiten, 29,80 €

Erzählungen aus dem Biedermeier III

Eduard Mörike Lucie Gelmeroth **Annette von Droste-Hülshoff** Westfälische Schilderungen **Annette von Droste-Hülshoff** Bei uns zulande auf dem Lande **Berthold Auerbach** Brosi und Moni **Jeremias Gotthelf** Die schwarze Spinne **Friedrich Hebbel** Anna **Friedrich Hebbel** Die Kuh **Jeremias Gotthelf** Barthli der Korber **Berthold Auerbach** Barfüßele

ISBN 978-3-8430-1886-9, 452 Seiten, 29,80 €